Annette Lepple

GARTEN OHNE GIESSEN

Mit 44 trockenheitstoleranten Pflanzen clever gärtnern

INHALT

Einen **Garten** zu pflanzen bedeutet, an **Morgen** zu glauben. Audrey Hepburn

GÄRTNER DICH GLÜCKLICH

→ Während Psychologen vor einer weltweiten Depressionswelle warnen, servieren uns Wissenschaftler die Lösung auf dem Silbertablett: Das Wühlen mit den Händen in der Erde regt die Produktion von Serotonin und Dopamin an. Diese chemischen Stoffe fördern das Immunsystem und machen uns happy! Serotonin ist ein Glückshormon, ein natürliches Antidepressivum. Dopamin wird vor allem beim Ernten freigesetzt. Man vermutet, dass dies ein Überbleibsel unserer Jäger- und Sammlervorfahren ist. Gärtnern ist auch ein hervorragendes Fitnesstraining und stärkt alle unsere Sinne.

NATUR VOR DER HAUSTÜR

→ In Deutschland werden täglich (!) rund 60 Hektar Landschaft für Gewerbe, Wohnungsbau und Verkehr verbraucht. Boden ist ein wertvolles und begrenztes Gut. Einmal verloren, lässt er sich nur mühsam und über lange Zeit wieder in Natur und fruchtbaren Boden umwandeln. Von einer nachhaltigen Entwicklung sind wir heute leider weit entfernt. Gärten, Balkone und begrünte Flächen wie Mauern und Dächer gewinnen in diesem Kontext an Bedeutung, denn sie machen ein Umfeld lebenswert und sind wertvolle Habitate für die zusehends bedrängte Tier- und Pflanzenwelt. Naturschutz beginnt vor der Haustür.

COMMUNITY GARDENING

→ In Zeiten, in denen private Gärten immer seltener werden, rücken Gemeinschaftsprojekte in den Fokus. Warum nicht zusammen kompostieren, pflanzen, ernten und den gemeinsamen Garten in eine Wohlfühloase verwandeln? Diese Aktivität wirkt sich positiv auf die Umwelt und das allgemeine Wohlbefinden aus und stärkt den Gemeinschaftssinn. Nebenbei werden Luft- und Bodenqualität sowie das Mikroklima verbessert, Abfall und Food miles („Lebensmittelmeilen") reduziert. Es ist erwiesen, dass Stadtgärten einen guten Einfluss auf die Stimmung und Verbrechensrate in einem Quartier haben.

KLIMAWANDEL MIT ZWEI SEITEN

→ Medien propagieren die negativen Auswirkungen des Klimawandels, aber Studien zeigen, dass er auch gute Seiten hat. So dringt die Vegetation in der Sahara dank zunehmender Niederschläge immer weiter in die Wüste vor, und in bislang unnutzbaren Kälteregionen können neue Lebensräume entstehen. Forscher haben bewiesen, dass höhere Temperaturen für den Regenwald nicht das Aus bedeuten, sondern die Artenvielfalt fördern. Das Problem ist nicht die globale Erwärmung, sondern die rücksichtslose Abholzung. Bei uns verlängert sich die Anbausaison und gestattet die Kultur von wärmeliebenden Arten.

MIKROKLIMA VERBESSERN

→ Die kühle Stadt der Zukunft ist grün. Vor allem Städte heizen sich im Sommer auf, weil Gebäude und versiegelte Oberflächen Wärme speichern. Gehölze binden CO_2 und produzieren Sauerstoff, spenden Schatten, filtern Feinstaub und sorgen durch Verdunstung für ein angenehmes Ambiente. Im Sommer senken begrünte Fassaden die Temperatur um bis zu 7 °C. Auch Teiche regulieren die Umgebungstemperatur. Begrünung und Entsiegelung reduzieren die Wärmebelastung deutlich, daher das Motto: Begrünen, was das Zeug hält!

GROW YOUR OWN

→ Die wenigsten können komplette Selbstversorger sein, aber man kann immerhin einen Beitrag leisten und die Food miles ein wenig reduzieren. Fenstersimse, Balkone und Gärten bieten uns die Möglichkeit, gesunde Kräuter, Gemüse und Naschobst zu ziehen. Viele Arten eignen sich für Anfänger. In Kombination mit (essbaren) Blumen werden diese im Nu zur Augenweide. Wenige Aktivitäten sind befriedigender als der Anbau des eigenen Gemüses – probier's aus!

WATERWISE GARDENING

→ Wasser bedeckt 71 % unseres Planeten, aber 97 % davon sind Salzwasser und nur 1 % ist als Trinkwasser verfügbar. Während 20 l Wasser pro Person und Tag international als ausreichend eingestuft werden, liegt der Verbrauch in Europa und den USA zwischen 200 und 400 l. Zwei Drittel davon werden für die Bewässerung verwendet. Der weltweite Rückgang der Trinkwasserreserven hat seinen Ursprung in Übernutzung, Umweltverschmutzung, Bevölkerungswachstum und globaler Erwärmung. Zu einem verantwortungsvollen Umgang gehören eine kluge Pflanzenwahl, Wasser sammeln und richtig gießen.

BRENNPUNKT EROSION

→ Weltweit haben wir aufgrund der industriellen, erosionsfördernden Landwirtschaft 70 % des Mutterbodens verloren. Alljährlich gehen 24 Milliarden Tonnen verloren. Wenn es so weiter geht, haben wir in 60 Jahren keinen Mutterboden mehr. Es ist höchste Zeit für einen anderen Umgang mit dem Boden, denn wir brauchen ihn zum Überleben. Das beginnt im Kleinen: Nachhaltige Pflege mit organischen Düngern, Mykorrhiza-Pilzen und Mulchen fördert die Bodengesundheit und wirkt der Erosion entgegen.

DIE BASICS

In diesem Kapitel geht es um gärtnerische Grundlagen wie das Mikroklima, nachhaltige Praktiken, den klugen Umgang mit Wasser, Kompostieren und standortgerechtes Pflanzen. Zudem zeige ich, wie individuelles, positives Wirken die Lebensqualität aller steigert. Ausgestattet mit all diesem Wissen kribbelt es natürlich in den Fingern und deshalb gibt es inspirierende Projekte zum Nachmachen. Ob allein oder mit anderen – Klimagärtnern motiviert und macht Spaß!

LIEBE DEINEN BODEN

Die Grundlage allen Lebens ist neben Wasser der Boden. Viele meinen, Erde sei nichts als Dreck, aber hast du gewusst, dass 1 l Erde so viele Organismen enthalten kann wie alle Menschen, die je auf diesem Planeten gelebt haben? Gesunde Erde ist voller Bakterien, Pilze, Würmer und anderer Kleinstlebewesen. Leider steht es um diese faszinierende Welt unter unseren Füßen gar nicht gut. Aufgrund der industriellen, erosionsfördernden Landwirtschaft haben wir weltweit 70 % des Mutterbodens verloren.

Der Ausdruck „Mutter Erde" ist ganz wörtlich zu verstehen, denn der Boden ernährt uns und verdient unseren Respekt. Durch Umgraben, Dünger, Herbizide und Pestizide zerstören wir diese Gemeinschaft. Das bis dato in der Erde gebundene Kohlendioxid wird freigesetzt.

Was kannst du also tun? Du kannst dieser beängstigenden Entwicklung entgegenwirken, indem du den Boden auf deinem Grundstück pflegst. Wind und Starkregen, Trockenheit und Hitze machen dem Boden zu schaffen. Ungeschützte Böden leiden mehr unter Erosion und Verschlämmung als geschützte. Auf verschlämmten Böden steigt das Hochwasserrisiko. Kahler Boden muss also unter allen Umständen vermieden werden, denn er ist zudem noch anfällig für Wildkräuter und trocknet stärker aus, was die Bodenaktivität hemmt.

Die Bodenarten

Es gibt verschiedene Bodenarten wie Sand, Ton, Lehm und Schluff. Jede von ihnen hat Vor- und Nachteile.

Sandige Böden fühlen sich körnig an, sind nicht formbar und ihre Körnchen oder Partikel haben eine Größe von 0,06–2 mm. Sandböden sind nährstoffarm, trocknen schnell aus, erwärmen sich aber auch schnell und lassen sich leicht bearbeiten.

Ton ist verdichtet und erwärmt sich im Frühjahr nur langsam, hat aber ein hohes Wasserspeichervermögen. Er lässt sich wie Lehm gut formen und rollen. Der Boden lässt sich schwer und nur zu bestimmten Zeiten im Jahr bearbeiten. Wenn er im Sommer austrocknet, nimmt er die Konsistenz von Beton an, und es entstehen Risse an der Oberfläche. Pflanzen müssen sich anstrengen, um hier Wurzeln zu schlagen.

Ideal sind Lehm- und Schluffböden, die sich gut bearbeiten lassen, Feuchtigkeit speichern und eine gute Dränage aufweisen.

BIENENFREUND (PHACELIA), EINE WICHTIGE BIENENWEIDE. ER VERBESSERT BODENSTRUKTUR UND HUMUSGEHALT.

Wellness für die Erde

Alle Böden profitieren von liebevoller Pflege: Mulchen heißt das Zauberwort! Kein mühsames Umgraben, sondern einfach eine Schicht passendes mineralisches (Ziergarten) oder organisches Material (Zier- und Gemüsegarten) ausbringen und fertig! Bei der No-dig-Methode macht regelmäßiges Mulchen das Umgraben, welches das wertvolle Pilzgeflecht im Boden und sein Gleichgewicht zerstört, überflüssig. Mulchen reduziert die Verdunstung und damit den Gießaufwand. Gleichzeitig sorgt es für eine ausgeglichene Temperatur, sodass Pflanzenwurzeln und Organismen in Ruhe ihrer Arbeit nachgehen können. Ganz nebenbei wird durch das Abdecken Unkraut in seiner Ausbreitung gebremst.

Im Garten fällt etliches Schnitt- und Häckselgut an, das man kompostieren oder direkt auf die Beete ausbringen kann. Ein guter Zeitpunkt dafür ist das Frühjahr, denn unerwünschte Wildkräuter lassen sich relativ einfach herausziehen und eine Mulchschicht konserviert die Feuchtigkeit des Winters. Wichtig: Mulchmaterial nie auf trockenen Boden ausbringen, denn dadurch wird die dringend benötigte Feuchtigkeit vom Boden ferngehalten. Tipp → Die Schichten von Zeit zu Zeit erneuern, da sich vor allem organischer Mulch recht schnell zersetzt.

Eine gute Sache ist auch Gründüngung, die sich für den Gemüsegarten oder kahle Flächen bei Neubauten anbietet, wenn sich die Besitzer noch nicht über die Gartengestaltung klar sind. Organisches Material steigert die Bodenfruchtbarkeit und Wasserspeicherkapazität und fördert das Bodenleben. Folglich muss weniger gegossen werden. Wunderbar eignen sich Ringelblume (*Calendula*), Senf (*Sinapis alba*), Bienenfreund (*Phacelia*) und Inkarnatklee (*Trifolium incarnatum*).

Checkliste Gesunder Boden

1. Bodentyp kennenlernen
2. regelmäßig mit organischem oder mineralischem Material mulchen
3. No-dig-Methode
4. keine Pestizide und Herbizide
5. Gründüngung

Der Mulch macht's

Was?	Wie dick?	Wofür?	Info
Rasenschnitt	1 cm	Rabatten, Gemüsegarten	vor dem Ausbringen antrocknen lassen
Farn	5 cm	alles	
Laub	5–8 cm	alles	Lang anhaltend, mit Rasenmäher zerkleinern, möglichst reifen lassen
Holzhäcksel	bis 5 cm	Gehölze, Hecken	nur dünnere Zweige häckseln
Heu	5–7 cm	Gehölze, Hecken	
Stroh	5 cm	alles	sieht weniger schön aus, nicht geeignet für stickstoffarmen Boden
Edelsplitt Ø 2/8 mm 8/16 mm	8–10 cm 5–8 cm	Freifläche, Steppen-, Kies- und Steingarten	
Rundkies Ø 2/8 mm	8–10 cm	Steppen-, Kies- und Steingarten	schönes Aussehen, vermoost gern
reifer Kompost	2–3 cm	alles	

#machsnachhaltig

ES GRÜNT SO GRÜN

Immer mehr Vorgärten in den Städten werden zubetoniert und zu Parkplätzen umfunktioniert. Feste Oberflächen haben einen negativen Einfluss auf das Mikroklima. Versiegelte Böden verdunsten kein Wasser, sondern heizen sich auf und verursachen Hitzestress. Böden, zu denen weder Luft noch Wasser gelangt, verlieren an Fruchtbarkeit. Jegliches Bodenleben geht zugrunde. Sie haben keinerlei ökologischen Nutzen und erhöhen das Risiko von Überschwemmungen und Umweltverschmutzung, weil das Oberflächenwasser ungehindert in die Kanalisation abfließt, anstatt zu versickern. Dort mischt es sich mit Schmutzwasser, gelangt in Bäche und Seen und bringt das natürliche Gleichgewicht durcheinander. Empfindliche Amphibien und Reptilien geraten unter Druck. Grundwasserreservoirs füllen sich mangelhaft und werden ebenfalls verschmutzt.

Eine Entsiegelung ist mit hohen Kosten verbunden. Meist bleiben Schadstoffe im Erdreich zurück, und es dauert viele Jahre, bis sich der Boden erholt – wenn er sich überhaupt je ganz erholt.

Entsiegelung als Allroundlösung

Was ist die Lösung? Begrünte, wasserdurchlässige Auffahrten und Parkplätze sehen nicht nur attraktiver aus, sie schützen den Boden, verbessern die Lebensqualität und das Kleinklima, während sie gleichzeitig das Hochwasserrisiko senken und die Grundwasserbildung fördern.

Am besten berücksichtigt man diese Faktoren bereits bei der Planung. Es gilt, nur dort zu versiegeln, wo es unbedingt notwendig ist. Tatsache ist, dass auch selten genutzte Flächen oft unnötig versiegelt werden. Sind feste Oberflächen bereits vorhanden, ist eine Umgestaltung entsprechend aufwendiger. Am Anfang kann man einen Teil der Fläche entsiegeln.

Rasengittersteine und -fugenpflaster

Beliebt und leicht zu verlegen sind Rasengittersteine mit wabenförmigen Öffnungen.

So geht's:

1. **Zuerst bereitest du einen Unterbau aus Schotter vor: Eine Dicke von 30 cm ist empfehlenswert, auf Sand- und Tonböden sollte die Schicht dicker ausfallen.**
2. **Auf das Schotterbett folgt das Verlegebett, das sich aus zwei Dritteln Sand und Split und einem Drittel Mutterboden zusammensetzt.**
3. **Den Untergrund verdichtest du sorgfältig mit einer Rüttelplatte, damit die Rasengittersteine später satt aufliegen.**

4 **Dann verlegst du die Steine dicht aneinander und füllst die Hohlräume mit einer Mischung aus Mutterboden und Sand auf. Die Erde sollte das Niveau der Betonkante haben.**

5 **Zum Schluss rüttelst du die Fläche ein letztes Mal ab.**

Rasengittersteine eignen sich für wenig befahrene Flächen, sie lassen sich aktiv begrünen oder man wartet ab, bis sich die Pflanzen von selbst einstellen. Am günstigsten und dauerhaftesten sind jene aus Beton.

Empfehlenswert sind auch Rasenfugenpflaster aus Betonsteinen, die durch etwa 3 cm breite, begrünte Fugen getrennt sind. Beide Varianten werden schnell grün und verbinden sich mit der Landschaft. Die Pflege beschränkt sich darauf, ab und zu mit dem Rasenmäher oder -trimmer darüberzugehen.

Grüne Auffahrten

Bei Parkplätzen und Zufahrten genügen zwei Fahrspuren aus Stein- oder Betonplatten oder Gittersteinen. Erstere werden in Beton gelegt. Die übrige Fläche eignet sich für Trocken- oder Schotterrasen oder Pflaster mit offenen, begrünbaren Fugen. Der mittlere Streifen lässt sich mit Trockenkünstlern wie Mauerpfeffer (*Sedum*) und Thymian (*Thymus*) einsäen. Eine hohe Dynamik entwickelt sich auf Kiesflächen.

Eine begrünte Auffahrt …

- **wirkt sich positiv auf das Mikroklima aus**
- **hilft beim Füllen von Grundwasserreservoirs**
- **hilft Überschwemmungen vorzubeugen**
- **fördert das Bodenleben**
- **filtert und reinigt Oberflächenwasser**
- **ist gut für die Tierwelt**
- **bietet Extrafläche zum Bepflanzen**

LIEBE DEINE PFLANZEN

Die Grundlage schöner Gärten und zufriedener Gärtner ist neben der Bodenpflege die richtige Pflanzenwahl. Die Pflanzen sollen uns gefallen, aber sie müssen auch zu unserem Boden und Klima passen.

Das Prinzip „right plant, right place" – die richtige Pflanze am richtigen Ort – wurde von der berühmten, englischen Gärtnerin Beth Chatto geprägt, die mit Feingefühl die diversen Lebensbereiche auf ihrem Grundstück im englischen Essex gestaltete. Es basiert auf dem Gedanken, dass Gartenpflanzen am besten unter Bedingungen gedeihen, die jenen ihres Naturstandortes entsprechen. Es gibt durchaus anpassungsfähige Kandidaten, aber wenn man die Bedürfnisse dauerhaft ignoriert, führt das zu einem größeren Pflegeaufwand, einer hohen Wasserrechnung und zahlreichen Pflanzenleichen auf dem Kompost.

Es ist wenig nachhaltig, wenn man sich auf der Fränkischen Trockenplatte verzweifelt an seine Rhododendren klammert, während es zig herrliche Pflanzen gibt, die trockene Füße lieben und brauchen! Sonnenanbeter gehören in die Sonne; Waldgartenbewohner sind dankbar für ein schattiges Plätzchen.

Auf den Boden kommt es an

Gärtner auf kalkhaltigen Böden (hoher pH-Wert) tun gut daran, Gewächse saurer Böden zu ignorieren. Kalkböden mit dünner Humus- und Mutterbodenschicht trocknen schneller aus, sodass auch hier nicht mehr alle kalkliebenden Pflanzen infrage kommen. Bei einer Wanderung über Trocken- und Magerrasen finden wir zahlreiche Schätzchen, die in diesem Milieu gedeihen. Auch mediterrane Kräuter und andere Pflanzen bieten sich an. Mit einem kleinen „Lavendelfeld" samt Feigenbaum (*Ficus carica*), einer Säckelblume (*Ceanothus*) und anderen trockenheitstoleranten Sträuchern sowie Bändern von Mohn (*Papaver*) holen wir uns den Süden vor die eigene Haustür und dürfen umweltfreundlich dem neuen Trend „Staycation" frönen, bei dem man den Urlaub gemütlich zu Hause fern der Touristenmassen verbringt.

Saure, frische Substrate (niedriger pH) verlangen wiederum nach einer anderen Palette. Hier wird man bei Gattungen wie Heide (*Erica*, *Calluna*), Birke (*Betula*), Zaubernuss (*Hamamelis*) sowie Koniferen (*Picea*, *Pinus*) und Farnen fündig.

Bedeutung des pH-Wertes

Warum ist der pH-Wert so wichtig? Weil er die Nährstoffaufnahme und Bodenaktivität beeinflusst, die in Böden mit einem mittleren pH-Wert, das heißt zwischen 6 und 7, am günstigsten sind. Auf solchen Böden lassen sich die meisten Gartenpflanzen kultivieren, wobei die Qualität des Oberbodens von großer Wichtigkeit ist. Je tiefgründiger und reicher an organischem Material, desto höher ist die Fruchtbarkeit. Das erzielen wir mit einer nachhaltigen und schonenden Boden-

pflege (Seite 8), die gleichzeitig der weltweit um sich greifenden Erosion und dem Verlust des Mutterbodens entgegenwirkt.
Auf stark alkalischen Böden werden organische Substanzen wie Kompost und Mist jedoch schnell von Pflanzen abgebaut, sodass es sich anbietet, gleich auf Gewächse zurückzugreifen, die mit solchen Bedingungen zurechtkommen. In stark sauren oder kalkhaltigen Böden sind manche lebenswichtigen Spurenelemente nicht mehr verfügbar, was sich in Mangelerscheinungen (zum Beispiel Chlorose) niederschlägt.
Der pH-Wert lässt sich leicht mit einem Test-Kit ermitteln. Vor allem saure Böden haben eine unvorteilhafte Bodenstruktur und neigen zum Verdichten. Das Gros der säureliebenden Pflanzen kommt aus Wäldern. Aufgrund der zunehmend trockenen Sommer sollten wir uns bei der Suche von saisonal trockenen Wäldern inspirieren lassen. Etliche säureliebende Gewächse wachsen derweil in kalkhaltigen Böden, solange der pH-Wert nicht zu hoch ist. Viele Wild- und Präriestauden und Wiesenblumen gedeihen hingegen auf alkalischen Böden.

GARTENPFLANZEN GEDEIHEN AM BESTEN, WENN MAN IHNEN BEDINGUNGEN BIETET, DIE DENEN AM NATURSTANDORT ENTSPRECHEN.

Anpassung ist das Zauberwort

Die gute Neuigkeit: Es gibt für jeden Standort attraktive, menschen- und tierfreundliche Lösungen. Gerade auf kargen, trockenen Böden entwickelt sich die größte Vielfalt. Ist das nicht aufmunternd? Am besten lässt du dich von der Natur inspirieren! Gärtnerst du auf sandigem Kies, dann studierst du die Flora auf Geröllhängen oder in Steinbrüchen. Tauchen ausgewachsene Bäume das Grundstück in Schatten, so schau dich im Wald oder am Waldrand um.

Flexibilität ist (fast) alles

Nur wenn wir die Pflanzen auf Standort und Klima abstimmen, werden sie sich gesund entwickeln und den Einsatz von Kunstdüngern und Pestiziden überflüssig machen. Generell lässt sich sagen, dass heimische Arten besser adaptiert und pflegeleichter sind. Dennoch haben die heißen, trockenen Sommer der letzten Jahre viele Spuren hinterlassen. Alles, was wir tun können, ist wachsam und flexibel sein. Im Lauf der Evolution passen sich manche Arten erfolgreich an – man denke dabei an die Gattung der Farne, die es bereits seit 400 Millionen Jahren gibt –, während andere verschwinden.

Die kluge Wahl

Abgesehen vom Klima ändern sich mit den Jahren auch die Gegebenheiten im Garten: Gehölze werden größer, einst sonnige Rabatten liegen plötzlich im Schatten und müssen entsprechend angepasst werden. All das sorgt dafür, dass es nie langweilig wird. Alles ist im Fluss und bleibt spannend!

Es versteht sich von selbst, dass man die Endgröße von Gehölzen bei der Auswahl berücksichtigt. Leider sieht man allzu oft stümperhaft zurückgestutzte Bäume, die für ihren Standort völlig ungeeignet sind und nur „dank" regelmäßiger Eingriffe verbleiben dürfen.

Anfänger wenden sich am besten an eine vertrauenswürdige Baumschule oder Gärtnerei in der Region. Ihre Pflanzen sind bereits akklimatisiert, und das Fachpersonal steht einem mit Rat und Tat zur Seite. Achte auf gesunde Ware mit einem harmonischen Wuchs. Die Erdballen sollten gut durchwurzelt sein, die Wurzeln weder im Kreis wachsen noch aus dem Topf herausquellen.

Tipp → Laub auf Krankheiten und Schädlinge kontrollieren.

Wenn wir dem Garten und seinen lebenden Kreaturen mit Respekt und ganzheitlichem Denken begegnen, schaffen wir harmonische, nachhaltige und ökologisch wertvolle Lebensräume, die wir dringend benötigen.

Checkliste für die richtige Pflanzenwahl

- **Gefällt mir die Pflanze?**
- **Passt sie an den für sie geplanten Standort (Licht, pH-Wert, Bodenverhältnisse, Windschutz)?**
- **Eignet sie sich für das Klima?**
- **Wie groß wird die Pflanze?**
- **Wenn Kinder im Haus sind: Ist sie giftig? Hat sie Stacheln?**
- **Wie ist der Pflegeaufwand (Rückschnitt, Dünger etc.)?**
- **Ist sie robust und gesund?**

Gehölze sind eine Investition in die Zukunft und sollten sorgfältig auf ihren Standort abgestimmt werden.

#machsnachhaltig

Blütenteppich auf dem Dach

„Dachbegrünungen sind die Dachbedeckungen der Zukunft. Einen Wald auf dem Dach zu haben oder eine wilde Wiese oder einen Gemüsegarten, wird selbstverständlich sein“, verkündete der österreichische Künstler und Architekt Friedensreich Hundertwasser in den 1980er-Jahren. Seither hat sich viel getan: Grüne Dächer setzen sich immer mehr durch, und das ist gut so!

Angesichts des Klimawandels und Artenschwundes rücken Dach- und Fassadenbegrünungen vermehrt in den Fokus. Sie haben einen günstigen Einfluss auf Isolierung, Lufttemperatur und -feuchtigkeit, wobei intensive Begrünungen sich natürlich entsprechend effizienter niederschlagen als extensive. Begrünte Dächer speichern außerdem Niederschläge und reduzieren das Oberflächenwasser. Zudem – und das ist der schönste Nebeneffekt! – schaffen wir Lebensräume für Vögel, kleine Säugetiere und Insekten und holen uns ein Stück Natur in die Stadt zurück. Während man bei großen Projekten wie Haus- und Garagenbegrünungen Profis hinzuzieht, kann man beim Hühnerstall, Gartenhaus oder Holzschober ruhig selbst aktiv werden. Beherzigt man einige Dinge, so steht einem blühenden Dach, auf dem es summt und brummt, nichts mehr im Wege.

Erst das Bauliche ...

Für DIY-Projekte bietet sich eine extensive Begrünung mit robusten, trockenheitsresistenten Pflanzen an, die mit einer hauchdünnen Substratschicht zurechtkommen. Inspirationen gibt es in der Natur: Alles, was ohne viel Erde auf Felsen wächst, gedeiht auch auf einem Dach. Voraussetzung ist eine gute bauliche Substanz.

Vielleicht möchtest du dich nicht gleich an eine größere Fläche wagen, sondern dich an einem kleinen Projekt versuchen. Warum nicht mit einem Insektenhotel, einem Vogelhaus oder einem Fahrrad- oder Mülltonnenunterstand anfangen? Hier genügt es oft schon, Ableger von Steinbrech (*Saxifraga*) und winzigen Fetthennen-Arten (*Sedum*) mit etwas Substrat aufs Dach zu legen. Im Nu erobern die genügsamen Gesellen die Fläche, und wenn ein Stück oder einige Samen zu Boden fallen, geht es unten munter weiter.

Für ambitioniertere Unterfangen wie ein Gartenhaus oder einen Holzschober sollte die Traglast des Daches bei mindestens 100 kg/m² liegen. Die Dachneigung sollte mindestens 2 % und nicht mehr als 15 % aufweisen. Steilere Dächer erfordern einen Rahmen, der das Substrat am Abrutschen hindert. Die günstigste Variante ist ein Rahmen aus Holz, den man leicht selbst auf Maß anfertigen kann. Alternativ kann man ein Komplettsystem aus dem Handel nehmen.

So geht's:

1. **Zuerst verlegst du auf dem geputzten Dach ein Schutzvlies. Darüber kommt eine wurzelfeste, UV-stabile Kunststofffolie.**
2. **Wenn du möchtest, kannst du ein weiteres Schutzvlies darauflegen.**
3. **Nun folgt eine 3 cm dicke Dränageschicht aus Lava oder Bimskies.**
4. **Vor dem Ausbringen der Substratschicht (zwei Drittel Kultursubtrat, ein Drittel Lava oder Tongranulat) verlegst du nochmals ein dünnes Vlies. Für *Sedum*, *Sempervivum* und Moose reicht eine Substratschicht von 2–5 cm, höhere Stauden brauchen 10 cm.**

… dann die Pflanzen

Nun kommt der angenehme Teil: Entweder sät man eine passende Mischung oder setzt Mini-Pflanzen mit kleinen Wurzelballen. Gerade zähe Vertreter wachsen problemlos mit nur wenigen Würzelchen und ohne Ballen an. Je vielseitiger die Bepflanzung, desto attraktiver für uns und die Tierwelt. Zum Abschluss gießt man das Dach kurz, danach überlässt man der Natur die Sache. Zumindest fast, denn während das Gießen zwar später wegfällt, so tut man gut daran, unerwünschte Sämlinge regelmäßig zu entfernen.

Anspruchslose Kandidaten für eine extensive Dachbegrünung

- **niedrige Fetthennen-Arten** (*Sedum acre, S. album, S. rupestre*)
- **Steinbrech** (*Saxifraga cespitosa, S. crustata*)
- **Hauswurz** (*Sempervivum*)
- **Thymian** (*Thymus*)
- **Zwerg-Schwertlilien** (*Iris pumila*)
- **Kartäuser-Nelke** (*Dianthus carthusianorum*)
- **Ausdauernder Lein** (*Linum perenne*)

Die Begrünung eines Gartenhauses ist ökologisch wertvoll und bereichert die Gestaltung auch optisch.

Niedere Fetthennen (Sedum) benötigen keinerlei Pflege und verweben sich schnell zu einem dichten Teppich.

MIKROKLIMA – PETRUS SPIELEN IM EIGENEN GARTEN

Unter Mikroklima versteht man das Klima im Bereich von sogenannten bodennahen Luftschichten bis zu einer Höhe von 2 m sowie die Witterungsverhältnisse in einem kleineren, definierten Raum.

Jedes Grundstück hat ein eigenes Mikroklima; oft gibt es an verschiedenen Stellen im Garten sogar unterschiedliche klimatische Bedingungen. An manchen Stellen, wie zum Beispiel vor einem Gartenhaus, sitzt man angenehm geschützt, während an anderen der Wind durchpfeift. Eine Begrünung sorgt zusätzlich für wohliges Ambiente. Am Fuß von nach Süden ausgerichteten Mauern öffnen sich bereits früh im Jahr die ersten Blüten, während man sich an exponierten Orten oder in frostgefährdeten Senken gedulden muss. Faktoren wie Topografie, Wasser, Gebäude, harte Oberflächen und Bepflanzung beeinflussen das Mikroklima entscheidend.

Anders als beim lokalen oder regionalen Klima, können wir das Mikroklima beeinflussen. Es gibt viele einfache Möglichkeiten, mit denen wir ein angenehmes Umfeld schaffen können. Wenn man sich die heutige Gartenlandschaft anschaut, macht es den Anschein, dass sich viele nicht über das Ausmaß dieses Einflusses klar sind. Warum schütten sich sonst so viele Leute eine Ladung Steine in den Vorgarten und pflanzen darin eine einsame Thuja? Mit dieser „Gestaltung“ heizt man sich selbst und dem Ortsteil kräftig ein, denn Steine speichern eine enorme Hitze. Ohne Bepflanzung gibt es keine Verdunstung, die kühlende Wirkung fällt weg. Größere Sommerhitze und Trockenheit sind die Folge. Diese Anlagen beherbergen keinerlei Leben und verwüsten das Quartier in jeder Hinsicht. Es ist höchste Zeit, gegenzusteuern!

Den eigenen Garten kennenlernen

Damit du mikroklimatisch das Beste aus deinem Grundstück herausholen kannst, musst du es erst gut kennenlernen. Wo hat es am meisten Sonne oder Schatten? Gibt es geschützte Stellen oder bläst der Wind durch den ganzen Garten? Mit simplen Maßnahmen wie Knicks (bepflanzte Wälle), Hügeln, einem Teich oder Gartenhäuschen und dem Pflanzen von Hecken und Bäumen verändern wir das Mikroklima und schaffen eine attraktive Umgebung für uns und die Tierwelt.

Hecken, Wasser und eine vielseitige Bepflanzung – Wohlfühloasen lassen sich auf kleinstem Raum schaffen. Wasser kühlt im Sommer und fungiert im Winter als Wärmespeicher.

Hecken schaffen Wohlfühloasen

Geschützte Orte entstehen in der Nähe von Hecken, Mauern und Gebäuden und bieten sich für empfindliche Pflanzen an. Hecken dämmen den Wind und seine austrocknende Wirkung, sprich die Beete bleiben länger feucht und müssen weniger gegossen werden. Zweireihige Hecken empfehlen sich auf größeren Grundstücken. Im Gegensatz zu Mauern, hinter denen Verwirbelungen entstehen, filtern Hecken den Wind. Sie bieten außerdem Tieren Nahrung und Unterschlupf und sind Zäunen vorzuziehen.

Befindet sich das Grundstück am Talgrund, wo sogenannte Kälteseen entstehen, also Senken, in denen sich die kalte Luft sammelt und Spätfrostgefahr lauert, sind Hecken und Mauern oberhalb am Hang ideal, um die kalten Luftmassen zu bremsen. Kalte Luft ist schwerer als warme und sinkt deshalb zu Boden.

Senkgärten und Kraterbeete

Ein besonderes Kleinklima entsteht auch in Senkgärten. Keine Sorge, dafür muss man sich nicht bis China durchgraben! Viele Senkgärten liegen nur zwei oder drei Stufen tiefer als ihre direkte Umgebung, aber dennoch herrscht dort ein angenehmes Ambiente. Hier kommt selbst außerhalb des Sommers an manchen Tagen Mittelmeerstimmung auf, denn Mauern speichern Wärme und schützen in Verbindung mit Beeten vor kalten Luftströmungen.

Auf dem Prinzip des Senkgartens beruht auch die Idee des Kraterbeets aus der Permakultur, welches den Gemüseanbau in Zeiten des Klimawandels erleichtert. Dabei handelt es sich um eine von einem Erdwall umgebene, geschützte Mulde, die Feuchtigkeit und Wärme speichert. Außerhalb des Walls sorgen trockenheitsverträgliche Gehölze wie Sanddorn, Felsenbirne und Wildrosen für Windschutz. Innen entstehen verschiedene Zonen, die den individuellen Ansprüchen von Gemüsen und Kräutern gerecht werden.

Die Macht von Pflanzen und Wasser

Gehölze und Kletterpflanzen wirken sich positiv auf das Kleinklima aus, denn sie verdunsten Wasser und haben einen erfrischenden Einfluss. Letztere haben eine isolierende Wirkung auf Gebäude.

Nicht zuletzt spielt Wasser eine wichtige Rolle beim Mikroklima. Teiche kühlen im Sommer und agieren im Winter als Wärmespeicher. Mit einem Teich lässt sich die Temperatur im Sommer um bis zu 2 °C senken. Wir kreieren einen kühlen Platz zum Entspannen und locken zahlreiche Nützlinge an. Auch Wasserspiele bringen Erfrischung und werden im Nu zum Treffpunkt von Vögeln, Eidechsen und Insekten. Ein Teich jedoch ist eine faszinierende Wunderwelt für sich. Wenn man nicht gleich einen Teich bauen möchte, sind „Regengärten“ eine Option (Seite 26). In diesen Senken kann Oberflächenwasser nach starken Regenfällen in aller Ruhe verdunsten. Diese temporären Feuchtgebiete sind attraktiv für allerlei Tierchen darunter Amphibien.

Jeder, der sein Mikroklima verbessert, leistet einen wertvollen Beitrag für das Klima im Quartier und reduziert die Notwendigkeit des Gießens.

IN SENKGÄRTEN ENTSTEHT EIN WOHLIGES, GESCHÜTZTES KLEINKLIMA.

Faktoren, mit denen wir das Mikroklima beeinflussen

- Knicks oder Hügel gestalten
- Hecken und Bäume pflanzen
- Gartenteich oder Wasserspiel anlegen
- Gartenhäuschen bauen
- Mauern bauen
- Senkgarten anlegen
- Kraterbeet anlegen
- Fassaden und Mauern begrünen
- begrünte Oberflächen Stein- und Kiesflächen vorziehen
- Regengarten anlegen

VOM KLUGEN UMGANG MIT WASSER

In Zeiten zunehmender Trinkwasserknappheit kommt man nicht umhin, das eigene Verhältnis zu Wasser zu überdenken. Mehr als zwei Drittel des Wassers werden für Bewässerung genutzt. Oft wird maßlos und zur falschen Tageszeit bewässert. Bevölkerungswachstum, Verstädterung, Landwirtschaft, Abholzung und Verschmutzung belasten die Wasserqualität. Ein verantwortungsvoller Umgang mit dem wertvollen Gut ist daher unsere Pflicht.

Regenwasser sammeln

Wasser sparen und sammeln gehört neben klugem Gießen und der passenden Pflanzenwahl ganz oben auf die Agenda. Regenwassersammeln lohnt sich in mehrerlei Hinsicht. Es spart Geld. Zudem ist Regenwasser kalkärmer, was den Pflanzen zugutekommt. Leitungswasser durchläuft einen aufwendigen, wenig umweltschonenden Reinigungsprozess, das heißt wir tun der Umwelt etwas Gutes, wenn wir so viel Regenwasser wie möglich auffangen.

Die Behälter positioniert man in der Nähe von Fallrohren. Mit dem Niederschlag auf dem Hausdach lassen sich mehrere Reservoire füllen. Das Anbringen von Dachrinnen an Gewächs- und Gartenhäusern sorgt dafür, dass wir das Wasser gleich vor Ort haben. Es eignen sich Regentonnen und -fässer, Wassertanks und Zisternen, wobei Letztere die aufwendigste Lösung sind, wenn sie unter die Erde kommen. Sie eignen sich für einen erhöhten Wasserbedarf, wenn zum Beispiel die Toilettenspülung angeschlossen wird. Die Behälter nicht in die pralle Sonne stellen, weil das Plastik sonst brüchig wird. Mit Kletterpflanzen lassen sich die meist wenig attraktiven Modelle beschatten und kaschieren. Das Fassungsvermögen liegt zwischen 200 und mehreren Tausend Litern. Durch Verbindungsstücke zwischen Tanks lässt sich die Auffangmenge immens erhöhen. Regelmäßiges Leeren der Behälter beugt grünem, schmutzigem Wasser vor. Mit einem Überlauf lässt sich überschüssiges Wasser entweder zurück in das Ablaufrohr oder in eine andere Tonne lenken. Im Winter muss das Wasser – außer bei frostsicheren Regentonnen – abgelassen werden.

Gießhäufigkeit reduzieren

Trotz Mulchen lässt es sich nicht vermeiden, dass man bei längerer Trockenheit wässern muss. Es ist wichtig zu erkennen, wann es nötig ist. Hängen Blätter tagsüber bei prallem Sonnenschein schlaff herunter, ist das nicht immer ein Zeichen von Trockenheit, sondern ein Schutzmechanis-

mus der Pflanze, um die Verdunstung zu reduzieren. Ist das Laub aber spät abends oder am frühen Morgen noch immer schlaff, dann ist höchste Eisenbahn! Das direkte Bewässern im Wurzelbereich ist Sprinklersystemen, bei denen viel Wasser verdunstet, vorzuziehen. Außerdem ist nasses Blattwerk anfälliger für Pilzkrankheiten. Praktisch sind unter der Mulchschicht verlegte Tröpfchensysteme, die sich an Wasserreservoire anschließen und mit der Zeitschaltuhr programmieren lassen, sodass sie nur abends und in der Nacht aktiv sind.

Auch manuelles Gießen findet idealerweise abends oder in den frühen Morgenstunden statt. Wie viel man gießen muss, hängt vom Boden und den Pflanzen ab. Am besten prüft man die Feuchtigkeit mit den Fingern. Regelmäßiges Lockern der Erde ist wichtig, denn nur lockerer Boden vermag Wasser aufzunehmen. Bei Gehölzen sorgt ein Gießwall dafür, dass das Wasser im Wurzelbereich bleibt, bis es versickert ist.

Wichtig: Lieber selten und dafür richtig gießen, denn nur so schicken Pflanzen ihre Wurzeln in die Tiefe. Das Ergebnis sind kräftige Exemplare, die besser mit Trockenheit zurechtkommen. Bei häufigen, geringen Wassergaben werden die Wurzeln faul und bleiben an der Oberfläche, statt in der Tiefe nach Feuchtigkeit zu suchen.

#machsnachhaltig

EIN REGENGARTEN

In Zeiten, in denen sintflutartige Regenfälle vor allem in Städten zu Überflutungen führen, sucht man nach Wegen, die Dränage zu verbessern. Durchlässige Oberflächen spielen dabei eine essenzielle Rolle.

Leider zeichnet sich seit Jahren eine Tendenz zum zubetonierten, pflegeleichten „Garten" ab, in dem Wasser nach starken Regenfällen nicht versickern kann. „Regengärten", die in den 1990er-Jahren in den USA entwickelt wurden, wirken diesem Problem entgegen. Einfach ausgedrückt handelt es sich dabei um begrünte Senken, in die Oberflächenwasser von Dächern und harten Oberflächen wie Einfahrten und Wegen geleitet wird. Sie entlasten die Kanalisation und beugen Gewässerverschmutzung vor. Sie sind zudem pflegeleicht, reduzieren die Erosion und absorbieren bis zu 30 % mehr Wasser als ein Rasen. Durch die Bepflanzung entsteht ein optisch ansprechendes Biotop, das Insekten, Vögel und Amphibien anzieht.

Die Senke legt man mindestens 3 m vom Haus entfernt an einer tiefergelegenen, sonnigen oder halbschattigen Stelle an. Sie sollte nicht in der Nähe von Baumwurzeln sein. Wichtig ist ein wasserdurchlässiger Boden. Um die Eignung zu prüfen, gräbt man an der gewünschten Stelle ein 25 cm tiefes Loch und füllt es mit Wasser. Wenn das Loch leer ist, erneut mit Wasser füllen und beobachten, wie lange es dauert, bis es abgeflossen ist. Versickern mindestens 50 mm pro Stunde ist der Platz geeignet. Gärten mit schweren Lehmböden oder hohem Grundwasserspiegel eignen sich nicht. Als Faustregel gilt: Die Größe des Regengartens sollte 20 % der Fläche, von der das Wasser dorthin geleitet wird, betragen.

So geht's:

1. **Markiere den Umriss deines Regengartens mit einem Schlauch. Beginne dann, ein rundliches Becken auszugraben. Die Tiefe bewegt sich abhängig von der Durchlässigkeit des Bodens zwischen 15 und 45 cm.**
2. **Mit einem Teil des Aushubs modellierst du den Wall, der das Wasser zurückhält. Er sollte etwa 30 cm breit und 10 cm hoch sein.**
3. **Achtung: Eine Hanglage erfordert mehr Graben am oberen Ende. Diese Erde lässt sich am unteren Teil aufschütten, sodass die Fläche eben wird.**
4. **Stelle mit Wasserwaage und Latte sicher, dass der Wall überall gleich hoch ist.**
5. **Über einen am Ablaufrohr (Fallrohr) angebrachten Winkel wird das Regenwasser über eine Rinne in den Regengarten geleitet. Diese Rinne muss wasserdicht sein (beispielsweise eine Dachrinne, Beton oder, und das ist schöner, eine Teichfolie mit Kies oder ineinandergelegte Firstziegel).**

6 Für den Ablauf des Regengartens machst du im Damm, an einer Stelle, wo überschüssiges Wasser keinen Schaden anrichten kann, einen 15 cm breiten Einschnitt, den du mit Kies oder Schotter auffüllst. Wo erlaubt machst du dies am besten in der Nähe der Kanalisation. Wichtig: Der Ablauf liegt etwas tiefer als der Einlauf.

7 Nun mischst du die Aushuberde mit Laub- oder Rindenmulch und Kompost, um die Dränage zu verbessern. Auf schwereren Böden helfen Sand, Steine und Kies. Diese Mischung gibst du locker in die Mulde.

Den Regengarten bepflanzen

Hier kommen anpassungsfähige Gewächse zum Zug, die ab und zu nasse Füße vertragen. Das Ziel ist eine dichte, vielseitige und pflegeleichte Pflanzengemeinschaft.

An feuchteren Stellen gedeihen Sumpf-Schwertlilie (*Iris pseudacorus*), Flatter-Binse (*Juncus effusus*) und Kalla (*Zantedeschia aethiopica*). Für die übrigen Stellen eignen sich Schwarzer Holunder (*Sambucus nigra*), Kartoffel-Rose (*Rosa rugosa*), Gemeiner Schneeball (*Viburnum opulus*) und Blutroter Hartriegel (*Cornus sanguinea*). Mit Stauden, Farnen und Gräsern setzt du saisonale Akzente: Akelei (*Aquilegia*), Sonnenhut (*Rudbeckia*), Taglilie (*Hemerocallis*), Wurmfarn (*Dryopteris*), Bergenie (*Bergenia*), Aster (*Aster* und *Symphyotrichum*), Funkie (*Hosta*), Chinaschilf (*Miscanthus*), Rutenhirse (*Panicum*), Wald-Schmiele (*Deschampsia*) oder Kriechender Günsel (*Ajuga reptans*).

Vorteile des Regengartens

- beugt Gewässerverschmutzung vor
- reduziert Überschwemmungen
- entlastet die Kanalisation
- pflegeleichter Gartenbereich
- wertvolles Biotop
- verbessert das Mikroklima

FEATURE

SCHWARZES GOLD: DER KOMPOST

In jeden Garten gehört ein Kompost, im Idealfall sogar drei: ein reifer, ein mittelreifer und ein neu angesetzter Kompost. Aber keine Sorge: Einer ist besser als keiner!

Wie funktioniert ein Kompost?

Wenn Feuchtigkeit, Temperatur und Zusammensetzung stimmen, sorgen Myriaden von Insekten, Würmern, Milben, Pilzen und Bakterien für die Zersetzung der Abfälle. Bei dieser Aktivität entstehen Temperaturen von bis zu 60 °C.

Folgende Faktoren halten die kleinen Schwerstarbeiter bei Laune: Sauerstoff ist für alle luftatmenden Organismen essenziell, deshalb darf der Haufen nicht zu nass oder verdichtet sein. Er muss feucht gehalten werden, was im Sommer oft zusätzliche Wassergaben bedeutet. Zudem ist die richtige Mischung wichtig: Man schichtet abwechselnd frisches, feines Material (grüne Küchenabfälle, Gras, Mist) mit grobem Material (Laub, Häckselgut). Der Nährstoffgehalt beeinflusst das Zersetzungstempo, das heißt, nähr-

ZAHLEN & FAKTEN

Etwa 20 % der typischen Haushaltsabfälle sind organischen Ursprungs.

Pro Person wandern jährlich im Schnitt 65 kg Bioabfall in die Biotonne.

Mit einem Kompost im Garten lässt sich organisches Material direkt vor Ort entsorgen; das reduziert das Müllvolumen, spart Geld und produziert wertvollen, nährstoffreichen Dünger.

Der Komposthaufen lockt nützliche Tiere in den Garten.

Er ist nützlich zum Mulchen und Mischen von eigenen Pflanzerden; Kompostgaben steigern die Wasserspeicherkapazität der Böden und reduzieren somit den Gießaufwand.

Mit dem Thermokomposter wird das Kompostieren zum Kinderspiel.

Schicke Wurmkomposter ermöglichen das Kompostieren in der Wohnung.

stoffreiches Material fördert die Aktivität. Es ist wie bei unserer eigenen Ernährung: Sie sollte ausgewogen sein. Passt alles, hat man keinerlei Aufwand mit einem Kompost.

Bei den richtigen Bedingungen hat man bereits acht Wochen nach dem Aufsetzen einen Frischkompost, nach fünf bis sechs Monaten einen Fertigkompost und nach ein bis zwei Jahren einen Reifekompost. Der Nährstoffgehalt ist abhängig vom Material, mit dem man den Kompost füttert, und er nimmt mit zunehmendem Alter ab. Junger Kompost ist ein hervorragender Dünger, Reifekompost ist nährstoffarm, verbessert aber die Bodenstruktur.

Recycling für Stadteier

Kompostieren kannst du auch ohne Garten und zwar mit einem Wurmkomposter. Vielleicht hast du einen Balkon mit Kübelpflanzen. Wäre es nicht toll, dafür eigene Komposterde beizusteuern? Wurmkomposter gibt es fix und fertig zu kaufen – coole Designs sorgen dafür, dass er sich leicht in die Wohnung integriert. Er lässt sich aber auch im Gang oder Keller aufstellen.

Das Aufstellen im Gebäude gewährleistet eine gleichmäßige Temperatur, die der Zersetzung zugutekommt. Im Gegensatz zum Gartenkompost ist der Wurmkomposter also das ganze Jahr produktiv. Jede Art der Kompostierung ist übrigens geruchsneutral, so lange die Mischung stimmt. Der Komposter, bestehend aus mehreren Etagen, wird mit einer Truppe Regenwürmern geliefert, die sich nach der Gewöhnungsphase um die Zersetzung deines Biomülls kümmern. Die klein geschnippelten Abfälle werden jeweils oben draufgelegt und von den Würmern und anderen Mikroorganismen, die sich mit der Zeit einstellen, in wertvolle Erde umgewandelt. Auch hier muss der Inhalt gleichmäßig feucht gehalten werden.

Alle zwei bis vier Monate erntet man den fertigen Kompost im untersten Element und setzt dieses wieder oben drauf. Wurmkomposterde ist sehr nährstoffreich und lässt sich bis zum Gebrauch in Säcken lagern.

#machsnachhaltig

MANCHE MÖGEN'S WILD

Eines der größten Geschenke, das wir der Natur machen können, ist es fünfe gerade sein zu lassen und unseren Aufräumfimmel an den Nagel zu hängen. Nützlinge wie Fledermäuse, Vögel, Insekten, Igel, Eidechsen und Co. können mit perfekt gestutzten Buchshecken und englischem Rasen nämlich nicht viel anfangen. Mit Trockensteinmauern, Totholzhaufen, ungemähtem Gras und wilden Ecken dafür umso mehr! Unsere Vorstellungen von nützlich oder schön decken sich nicht unbedingt mit jenen der Tiere.

Keine Angst, ich lege dir jetzt kein undurchdringliches Brombeergestrüpp mit Brennnesseln ans Herz. Das Schöne ist, dass man wilden Bereichen im Garten leicht eine romantische, attraktive Note verleihen kann. Gut geplant verführen sie mit natürlicher Ästhetik und ökologischem Nutzen. Sie benötigen ein Minimum an Pflege und werden nie bewässert. Ehe man sich versieht, avanciert die malerische Wildnis zum eigenen Lieblingsplatz!

Hereinspaziert, liebe Natur!

Passend ist ein abgelegenes, sonniges und geschütztes Plätzchen, damit die künftigen Bewohner nicht zu sehr gestört werden. Auch auf kleinem Raum lassen sich diverse Elemente verbinden. Die wichtigsten Zutaten sind Totholz, Steine, Wildstauden und Wasser.

Totholzhaufen

Sie bestehen aus abgeschnittenen Zweigen, Laub und Wurzeln. Dickere Äste sorgen für größere Hohlräume, in denen Vögel nisten können. Diese Lebensräume beherbergen neben Amphibien, Reptilien und Igeln eine enorme Insektenvielfalt. Käfer und ihre Larven ernähren sich vom zerfallenden Holz, während Insekten wie Solitärbienen dort ihre Eier ablegen. Tote Bäume werden gern von Spechten besiedelt. Da sich Totholzhaufen mit der Zeit zersetzen, füttert man sie regelmäßig mit einer neuen Lage Schnittgut und Laub.

Dieses Biotop am Gehölzrand, verborgen hinter üppiger Bepflanzung, bietet zahlreichen Tieren wertvollen Lebensraum und Nahrung.

So schön kann Wildnis sein! Beim Schichten der Steine kann man seine Kreativität ausleben.

Natursteinmauern und Lesesteinhaufen

Sie bieten Eidechsen, Salamandern, Kröten und Spitzmäusen, die einen wertvollen Beitrag zum natürlichen Gleichgewicht, ein Zuhause. Für Trockenmauern wählt man Steine aus der Gegend. Sie werden mit der richtigen Bepflanzung zum Blickpunkt und wertvollen Biotop.

Lesesteinhaufen sind weniger dekorativ, aber schneller errichtet. Als Kernmaterial eignen sich auch Bauschutt und Ziegel, die äußere Schicht sollte aus ästhetischen Gründen aus Natursteinen bestehen. Schnell werden diese Steine von Flechten, Moosen und Farnen besiedelt.

Wasserstellen

Da Tiere Wasser brauchen, sollte dieses in irgendeiner Form in die Gestaltung eingebunden werden. Das kann ein kleiner Teich oder ein selbst gebasteltes Vogelbad sein. Dafür eignen sich Gefäße aller Art, solange das Wasser nicht zu tief ist. Mit Steinen lassen sich in größeren und tieferen Schalen Uferzonen und „Rettungsinseln" gestalten. Vogelbäder sollten aus hygienischen Gründen regelmäßig gereinigt und mit frischem Wasser aufgefüllt werden.

Plädoyer für die Brennnessel

Für die Begrünung dieser wilden Ecken eignen sich heimische Sträucher und Wildstauden. Dabei sollte auch die Brennnessel nicht übersehen werden. Sie ernährt 70 Insektenarten und ist eine Art Superfood für Tiere! Vielen ist die einstige Heilpflanze ein Gräuel. Schade, denn sie lässt sich zu gesundem, feinem Salat, Tee oder zu Suppe verarbeiten. Im Gemüsegarten lässt sie sich als Dünger und zur Abwehr von Schadinsekten einsetzen. Was meinst du? Gibt es nicht doch ein kleines Plätzchen für diese wundersame Pflanze?

DAS EIGENE FITNESSCENTER

Nachhaltigkeit ist in aller Munde – aber was bedeutet es wirklich? Wir haben gelernt, dass wir sorgsam mit Ressourcen umgehen müssen, sprich Wasser sparen und sammeln, kompostieren und den Boden pflegen sollen. Diese Prinzipien bilden eine solide Grundlage. Werden Pflanzen standortgerecht ausgewählt und ist der Boden gesund und lebendig, so reduziert sich die Notwendigkeit für Behandlungen, denn gesunde Exemplare behaupten sich leichter gegenüber Krankheiten und Schädlingen. Robuste Sorten und Arten werden empfindlichen, anspruchsvollen vorgezogen, denn kümmerlicher Wuchs und gesundheitliche Probleme machen den fröhlichsten Gärtner auf Dauer mürbe. Es gibt bewährte natürliche Rezepte, auf die man im Notfall zurückgreifen kann, aber besser ist es, wenn man sich erst gar nicht mit diesen Problemen herumschlagen muss. Ist es doch einmal soweit, sollte man der Natur eine Chance geben, das Problem zu lösen. Bei Läusebefall nicht gleich in Panik geraten, denn es dauert meist nicht lange, bis sich irgendwelche Helferlein des Problems annehmen. In naturnahen Gärten gehen Igel und Kröten für uns auf Schneckenjagd. Und wenn ein Gewächs jedes Jahr aufs Neue von Mehltau oder einem anderen Pilz angefallen wird, sollten wir uns lieber davon trennen.

Das Glück liegt in der Erde

Eigentlich wussten wir es schon lange, aber nun bestätigen zahlreiche Studien, dass Gärtnern nicht nur glücklich, sondern fit macht. Das Wühlen in der Erde regt die Produktion des Glückshormons Serotonin an und senkt gleichzeitig den Kortisol-Level, ein mit Stress verbundenes Hormon. Gleichzeitig stärkt es das Immunsystem, da Haut und Lungen Mikroorganismen aufnehmen, die das Abwehrsystem stimulieren.

Gärtnern schärft alle Sinne, fördert den Geist und verringert das Risiko für Altersdemenz. Die manuelle Tätigkeit wirkt sich günstig auf Koordination und Kraft aus. Gärtnert man gemeinsam mit seinen Lieben, so festigt das die persönlichen Bande und steigert das Selbstwertgefühl, denn schließlich tut man etwas Kreatives, Positives und Produktives! Zudem ist ein Garten das schönste und effektivste Fitnesscenter, das es gibt. An frischer Luft trainiert man dabei sämtliche Muskeln. Ob beim Jäten, Mähen, Beschneiden von Gehölzen, Gießen, Pflanzen, Heben, Hacken oder Graben: Das Gärtnern ist ein Ganzkörper-Workout, bei dem man sich oft ganz schön verrenkt. Laut Experten ist es so gut wie Joggen oder Schwimmen! Es stärkt Muskeln und Knochen, hält uns elastisch und Herz und Kreislauf auf Trab. Das alles

ohne die Gesellschaft von streng riechenden und ächzenden Zeitgenossen.

Noch effektiver sind diese Aktivitäten, wenn wir auf motorbetriebene Geräte verzichten. Sie sind eine Lärmbelästigung und tragen zu schwindenden Ressourcen und Umweltverschmutzung bei. Strombetriebene Modelle mögen im Hinblick auf schädliche Emissionen besser dastehen, aber Strom muss ja auch irgendwie produziert werden.

In aller Ruhe zur Topform

Betrachten wir den Rasen: Mittlerweile hast du hoffentlich einen Teil oder die gesamte Fläche in einen pflegeleichten Wildkräuterrasen oder eine Wiese verwandelt, die keine Bewässerung mehr fordern. Somit besteht keine Notwendigkeit mehr für einen Motormäher oder die Häufigkeit seines Einsatzes hat sich drastisch reduziert. Kleine Rasenflächen lassen sich leise mit einem handbetriebenen Spindelmäher kurz halten.

Bei Wiesen greift man zur Sense. Die Bewegung ist für Laien etwas gewöhnungsbedürftig, aber meditativ und gleichzeitig gut für die Figur. Mit manuellen Heckenscheren bringen wir Sträucher, Hecken und unsere Oberarme in Form. Längere Hecken schneidet man abschnittsweise. Das Zusammenrechen des Herbstlaubes zählt ebenfalls zu den wohltuenden, fitnesssteigernden Tätigkeiten. Hand aufs Herz: Motorgeräte werden oftmals eingesetzt, wo es gar nicht notwendig ist. Wir haben auch hier viel Potenzial, unseren ökologischen Fußabdruck zu reduzieren.

Ist die Vision von einer friedlichen, ruhigen Nachbarschaft nicht verlockend? Wir alle können zu ihrer Verwirklichung beitragen.

DIE HARTEN FÜR DEN GARTEN

Wir geben pflegeleichten Pflanzen den Vorzug, denen zeitweise Hitze, Trockenheit oder nasse Füße nichts anhaben und die für Insekten, Vögel und uns attraktiv sind. Die beschriebenen Eigenschaften beziehen sich auf durchschnittliche Bedingungen. Es gilt: Je größer die Vielfalt im Garten ist, desto schneller stellt sich ein natürliches Gleichgewicht ein.

- Insektenmagnet
- leicht zu vermehren
- ideal für den Balkon

AUSDAUERNDE BLÜHER

Die Definition von Trockenheit ist subjektiv und hat je nach Region eine andere Bedeutung für die Menschen. Sie kann sich über mehrere Wochen, Monate oder gar Jahre hinziehen.

Trockenheitsverträgliche Pflanzen finden sich in verschiedenen Teilen der Welt. Die meisten Arten kommen aus Gegenden mit mediterranem Klima und deren Randzonen. Die dort vorkommenden Lebensbereiche sind so vielfältig wie die Pflanzen selbst und umfassen Berge, Steppen und wüstennahe Zone.

Inspirationen aus der Heimat

Fündig werden wir aber auch bei unseren heimischen Wildpflanzen. Interessant sind vor allem jene, die an trockenen Gehölzrändern, auf Felssteppen und in Steppenheiden sowie auf trockenen Freiflächen gedeihen. Sie sind besonders attraktiv für die heimische Tierwelt. Als leidenschaftliche Gärtnerin und Pflanzenfreak bin ich jedoch der Meinung, dass man sich nicht strikt auf diese beschränken muss, um einen Beitrag zu leisten, denn auch viele „Zuzügler" haben durchaus etwas für unsere Insekten, Vögel und Säugetiere zu bieten. Viel wichtiger sind eine möglichst große Vielfalt und das Schaffen unterschiedlicher Habitate.

Trockenheitsverträgliche Pflanzen lassen sich anhand gewisser Merkmale erkennen. Feinlaubige Arten wie *Artemisia* verlieren dank reduzierter Oberflächen weniger Feuchtigkeit durch Verdunstung. Andere haben ledrige, dicke, von einer undurchlässigen Schicht überzogene Blätter entwickelt, deren Poren sich auf der sonnenabgewandten Blattunterseite befinden. Die Poren werden zusätzlich von Härchen geschützt, die wasserdampfgesättigte Räume schaffen.

Einige Gewächse, zum Beispiel Salbei, haben aromatisches Laub. Die Verdunstung ätherischer Öle hat einen kühlenden Effekt auf die Umgebung der Pflanze. Es gilt: Je stärker sie riecht, desto mehr Hitze verträgt sie. Andere haben wiederum graue Blätter mit weißen Härchen, die das Sonnenlicht reflektieren, die Luftzufuhr auf der Blattoberfläche verlangsamen und auf diese Weise Hitze und Verdunstung entgegenwirken.

Durst- und Hungerkünstler

Die wohl bekannteste und effizienteste Gruppe der Trockenkünstler sind aber Sukkulenten: Sie speichern Feuchtigkeit in Blättern (zum Beispiel Fetthenne, Eiskraut), Wurzeln (zum Beispiel *Pelargonium*) und Stämmen (Kakteen). Letztere haben ihr Laub zurückgebildet und Dornen entwickelt.

Das feine, graue Laub des Kampfer-Wermut (*Artemisia alba* 'Canescens') schützt die Staude gleich doppelt vor Hitze und Verdunstung.

Ihre wasserspeichernden Zellen sind besonders groß und helfen ihnen über lange Trockenzeiten hinweg. Zudem öffnen sie ihre Poren nur in der Nacht, wenn die Verdunstungsrate geringer ist.

Gräser haben von Natur aus feineres Laub, und obwohl einige Arten frische Böden benötigen, sind sie generell anpassungsfähig. Am trockenheitsverträglichsten sind Blau-Schwingel (*Festuca*), Blaustrahl-Wiesenhafer (*Helictrotrichon sempervirens*), Fuchsrote Segge (*Carex buchananii*), Pampasgras (*Cortaderia*), Federborstengras (*Pennisetum*) und Rutenhirse (*Panicum*). Auch Chinaschilf (*Miscanthus*) und Pfeifengras (*Molinia*) behaupten sich gut auf lehmigen Böden mit guter Wasserspeicherkapazität.

Stauden aus trockenen Regionen mögen keine dauernassen Füße, weshalb eine gute Dränage wichtig ist. Unkomplizierter sind jene aus wechselfeuchten Lebensräumen, die abhängig von der Jahreszeit nass oder trocken sind. Gehen wir mit offenen Augen durch die Natur, so finden sich viele pflegeleichte, inspirierende Beispiele, die wir in unseren Gärten nachempfinden können.

DIE BESTEN: STAUDEN UND GRÄSER

PYRENÄEN-ASTER

Aster *pyrenaeus* 'Lutetia'

Der Name verrät es bereits: Diese zauberhafte, robuste Aster stammt aus den Pyrenäen und ist daher wie viele Bergbewohner kein Weichei. Sie gedeiht in durchlässigen, mäßig fruchtbaren Böden in voller Sonne und schmückt sich ab dem Spätsommer über viele Wochen mit zartvioletten Blütensternen, die wie alle Asternblüten bei Insekten hoch im Kurs stehen. Sie passt gut in den Kies-, Steppen- und Naturgarten, fühlt sich aber auch in Kübeln wohl. Da sie nicht so wüchsig wie viele ihrer Schwestern ist, sollte man ihr keine Partner zur Seite stellen, die sie „überrennen".

ZAHLEN & FAKTEN

- bis 70 cm hoch und 40 cm breit
- violette Blüten von August bis Oktober
- Insektenmagnet
- sonniger Standort
- liebt durchlässigen, mäßig fruchtbaren Boden
- mag keine zu dominanten Pflanzpartner
- zierende Samenstände
- geeignet für Kübel

Mein Tipp → Für den Erhalt der Blühfreudigkeit empfiehlt es sich, die Stauden alle drei Jahre zu teilen. Damit sorgt man gleich für Nachwuchs! Die Pyrenäen-Aster hat einen ausladenden, überhängenden Wuchs, weshalb sie im Vordergrund stehen sollte. Gern drapiert sie ihre Triebe über eine Mauer.

Ideale Partner → Bergminze (*Clinopodium nepeta*, Syn. *Calamintha nepeta*), Roter Scheinsonnenhut (*Echinacea purpurea*), Steppen-Salbei (*Salvia nemorosa*), Große Fetthenne (*Hylotelephium* 'Matrona'), Kugeldistel (*Echinops ritro*), Sonnenhut (*Rudbeckia hirta*), Rutenhirse (*Panicum virgatum*), Blaustrahl-Wiesenhafer (*Helictotrichon sempervirens*), Goldhaar-Aster (*Aster linosyris*).

ROTER SCHEINSONNENHUT

Echinacea purpurea

Der Rote Scheinsonnenhut stammt aus den Prärien Nordamerikas. Die meisten von uns haben ihn schon in Form eines Erkältungspräparats eingenommen. Schon die Indianer nutzten die Wildstaude als Heilpflanze. Ab Juli öffnen sich bis zu 18 cm breite, purpurne Blüten mit orangefarbenem Zentrum, die bei Schmetterlingen, Bienen und anderen Insekten derart beliebt sind, dass man manchmal kaum mehr die Blüten sieht! Züchtern verdanken wir eine große Palette an Farben und Formen.

Mein Tipp → Das Ausputzen von Verblühtem fördert neue Blüten. Im Frühjahr mit Kompost mulchen. Auf kärgeren Böden ist die langlebigere, grazile *Echinacea pallida* besser. Teilung im Herbst oder Frühjahr, aber nicht zu oft stören.

Ideale Partner → Blauraute (*Perovskia atriplicifolia* 'Blue Spire'), Reitgras (*Calamagrostis acutiflora*), Sonnenhut (*Rudbeckia fulgida* var. *deamii*), Lampenputzergras (*Pennisetum alopecuroides* 'Moudry'), Pyrenäen-Aster (*Aster pyrenaeus* 'Lutetia'), Aster (*Symphyotrichum*), Kaukasus-Germander (*Teucrium hircanicum*).

Gute Sorten → 'Little Magnus', mit 50 cm Höhe kompakt, gut für Kübel, purpurfarben. 'Magnus Superior', reichblühend, purpurfarben. 'Picca Bella', mit 60 cm Höhe kompakt, standfest, kleinere, purpurrosa Blüten. 'Virgin', elegant, weiß, standfest, mit 60 cm Höhe kompakt.

ZAHLEN & FAKTEN

- bis 150 cm hoch und 45 cm breit
- purpurfarbene Blüten von Juli bis September
- Insektenmagnet
- sonniger Standort
- liebt tiefen, humosen, durchlässigen, aber keinen schweren Boden
- zierende Samenstände
- Samen werden im Winter gern von Vögeln gefressen
- kompakte Sorten für Kübel geeignet

KARWINSKIS BERUFKRAUT

Erigeron karvinskianus

In milden Jahren gibt es fast keinen Monat im Jahr, an dem dieses charmante „Gänseblümchen“ nicht blüht. Alles, was es zu seinem Glück braucht, ist ein sonniges Plätzchen, an dem die Staude ihre weiß-rosa Blütenteppiche ausbreiten kann. Ob in Mauerfugen, zwischen Wegplatten, als Beeteinfassung, im Steingarten oder in Blumenampeln und Töpfen – das kleine, kecke Blümchen aus Mexiko macht überall eine gute Figur. Nicht nur Gärtner, auch Insekten fliegen auf sie!

Mein Tipp → Zum Begrünen von Wegen und Mauern einfach eine Pflanze im Topf dort aufstellen und abwarten. Zauberhaft mit niedrigem Zier-Lauch wie *Allium* ‘Cameleon’, *A. triquetrum*.

ZAHLEN & FAKTEN

- bis 30 cm hoch und 100 cm breit
- weiß-rosa Blüten von Mai bis Oktober, in milden Wintern fast das ganze Jahr
- Insektenmagnet
- sonniger oder halbschattiger Standort
- liebt mageren, gut dränierten Boden
- versamt sich gern
- ideal für Töpfe und Ampeln

Ideale Partner → Katzenminze (*Nepeta racemosa*), Blau-Schwingel (*Festuca glauca*), Filziges Hornkraut (*Cerastium tomentosum*), Hauswurz (*Sempervivum*), Woll-Ziest (*Stachys byzantina*), Strohblume (*Helichrysum*), Strauchrosen wie *Rosa* ‘The Fairy’, ‘Little White Pet’, Spornblume (*Centranthus ruber*), Graues Heiligenkraut (*Santolina chamaecyparissus*), Große Fetthenne (*Hylotelephium telephium*).

Gute Sorten → ‘Profusion’ ist besonders blühwillig.

AMETHYST-SCHWINGEL

Festuca amethystina

Mein Tipp → Nach dem Winter tote Halme mit den Händen auskämmen und alle drei Jahre im Frühjahr teilen. An zusagenden Standorten versamen sich Schwingel gern, unerwünschte Sämlinge sind aber leicht zu entfernen.

Ideale Partner → Walzen-Wolfsmilch (*Euphorbia myrsinites*), Kaukasusvergissmeinnicht (*Brunnera macrophylla*), Steinsame (*Lithodora diffusa* 'Heavenly Blue'), Traubenhyazinthe (*Muscari armeniacum*), Bergminze (*Clinopodium nepeta*, Syn. *Calamintha nepeta*), Blutroter Storchschnabel (*Geranium sanguineum*), Lein (*Linum*), Blau-Lauch (*Allium caeruleum*), Braunblättriges Stachelnüsschen (*Acaena microphylla*), Fädige Palmlilie (*Yucca filamentosa*).

Gute Sorten → 'Aprilgrün', olivgrünes Laub, purpurne Blüten. 'Bronzeglanz', bronzefarbenes Laub.

Wintergrünes, ganzjährig attraktives Gras, dessen Laub erst bläulich grün ist und sich später nach der Blüte in kupferfarbene und purpurne Farben hüllt. Es stammt aus Zentral- und Osteuropa und kommt auch in Deutschland vor. Schwingel lieben sonnige, trockene Plätze und eignen sich für Wildstaudenpflanzungen, Steppengärten, den Gehölzrand sowie für Heidegärten, Dachbegrünungen und Kübel.

ZAHLEN & FAKTEN

- bis 30 cm hoch und breit
- rosafarbene Blüten im Juni und Juli
- heimische Pflanze
- sonniger oder halbschattiger Standort
- liebt mageren, trockenen Boden
- ideal für pflegeleichte Pflanzungen, Dachbegrünungen und Kübel
- sehr guter Bodendecker

BLUTROTER STORCHSCHNABEL

Geranium sanguineum

„Gib mir einen Platz an der Sonne“ bittet dieses dankbare Pflänzchen und öffnet zum Dank –und sehr zur Freude der Insekten! – vom Frühsommer bis in den Spätsommer hinein seine magentafarbenen Blütenbecher. Auch mit lang anhaltender Trockenheit kommt die heimische Staude aufgrund ihres tiefen Wurzelwerks gut zurecht, mit dauernassen Füßen dagegen weniger. Ein weiteres Plus ist ihr dekoratives Laub, das im Herbst allerliebst errötet.

Mein Tipp → Mit ihrem wilden Charme passen Storchschnabel-Arten am besten in Natur-, Stein- und Kiesgärten, umschmeicheln aber auch gekonnt Rosen, Stauden und Gräser. Aufgrund seiner Anspruchslosigkeit ist der Blutrote Storchschnabel eine tolle Wahl für Kübel. Gut zu wissen: Schnecken und andere Schädlinge ignorieren ihn völlig!

Ideale Partner → Mannstreu (*Eryngium*), Roter Scheinsonnenhut (*Echinacea purpurea* 'Rubinstern'), Wald-Schmiele (*Deschampsia cespitosa* 'Goldschleier'), Frikarts Aster (*Aster × frikartii* 'Mönch'), Große Fetthenne (*Hylotelephium*), Kurilen-Beifuß (*Artemisia schmidtiana* 'Silver Mound'), Steife Verbene (*Verbena rigida*).

Gute Sorten → 'Elsbeth', große Blüten, lange Blütezeit. 'Max Frei', besonders intensive Herbstfärbung, kompakt. 'Tiny Monster', rankend, extrem wüchsig, bis 50 cm hoch. 'Apfelblüte', zauberhafte apfelblütenrosa Blüten.

ZAHLEN & FAKTEN

- bis 30 cm breit und 20 cm hoch
- magentafarbene Blüten von Juni bis September
- beliebt bei Insekten
- sonniger oder halbschattiger Standort
- mag durchlässigen, mäßig fruchtbaren und normalen Boden
- prima für Kübel
- tolle Herbstfärbung

HOHE FETTHENNE

Hylotelephium 'Herbstfreude'

Fetthennen sind aus dem Spätsommergarten nicht wegzudenken und zählen zu den pflegeleichtesten Stauden, solange der Boden nicht zu fruchtbar ist. 'Herbstfreude' ist nach 60 Jahren ein Klassiker und zählt noch immer zu den dankbarsten Sorten bei den Hohen Fetthennen. Fetthennen gedeihen am besten auf mäßig fruchtbaren, durchlässigen Böden in voller Sonne. Ab August öffnen sich ihre großen, dunkelrosa Blütenschirme, die später ins Kupferrote changieren. Ein toller Insektenmagnet!

Mein Tipp → Alle vier Jahre teilen. Wenn die Staude zum Umkippen neigt, empfiehlt sich ein Rückschnitt um ein Drittel im Mai. Das verzögert zwar die Blüte, sorgt aber für kompaktere Pflanzen. Bei Platzmangel niedrige Fetthennen (*Sedum*) wählen.

Ideale Partner → Blau-Schwingel (*Festuca glauca*), Federgras (*Nasella tenuissima*), Woll-Ziest (*Stachys byzantina*), Blauraute (*Perovskia atriplicifolia* 'Filigran'), Pyrenäen-Aster (*Aster pyrenaeus*), Frikarts Aster (*Aster × frikartii*), Steppen-Salbei (*Salvia nemorosa*), Schafgarbe (*Achillea millefolium*).

Gute Sorten → 'Joyce Henderson', rosa. 'Matrona', rosa, grünpurpurnes Laub, verträgt etwas nährstoffreichere Böden. 'Karfunkelstein' und 'Xenox', purpurfarbenes Laub.

ZAHLEN & FAKTEN

- bis 60 cm hoch und breit
- rosafarbene Blütenteller von August bis Oktober
- Insektenmagnet
- sonniger Standort
- liebt mäßig fruchtbaren, durchlässigen Boden
- gut für Kübel

FEDERGRAS

Nasella tenuissima

Wärmeliebendes, ausdauerndes Gras mit feinen, erst hellgrünen, später goldgelben Halmen, die sich in der zartesten Brise wiegen. Im Frühsommer erscheinen nickende, weiche, bis 30 cm lange Rispen, die erst grünlich, später silbrig sind. Federgras ist anspruchslos, von nahezu poetischer Schönheit und gedeiht am besten auf ärmeren Böden in voller Sonne. Das Wichtigste ist ein durchlässiger Boden, da es sich auf dauerfeuchten, schweren Böden schnell verabschiedet. Aus diesem Grund ist es eine gute Wahl für Töpfe und naturalistische Pflanzungen wie Steppen- und Kiesgärten.

Mein Tipp → Horste keinesfalls zurückschneiden, sondern im zeitigen Frühjahr mit den Fingern auskämmen. Vermehren lässt sich das Gras leicht durch Teilung oder über Samen im Frühling.

ZAHLEN & FAKTEN

- bis 60 cm hoch und 30 cm breit
- grünlich silbrige Blütenrispen im Juni und Juli
- sonniger Standort
- liebt durchlässige, magere bis mäßig fruchtbare Böden
- versamt sich gern
- geeignet für Kübel, Steppen- und Kiesgärten

Ideale Partner → Kaukasus-Gamander (*Teucrium hircanicum*), Kugel-Lauch (*Allium sphaerocephalon*), Walzen-Wolfsmilch (*Euphorbia myrsinites*), Flachblättriger Mannstreu (*Eryngium planum* 'Blaukappe'), Schafgarbe (*Achillea millefolium*), Scheinsonnenhut (*Echinacea*), Prachtkerze (*Oenothera lindheimeri* 'Summer Breeze', Syn. *Gaura lindheimeri*), Katzenminze (*Nepeta*), Dost (*Origanum laevigatum* 'Rosenkuppel').

KATZENMINZE

Nepeta × faassenii

Mein Tipp → Ein Rückschnitt nach der ersten Blüte fördert einen kompakten Wuchs und eine Nachblüte. Katzenminzen versamen sich an zusagenden Orten selbst, können aber im Frühling oder Herbst leicht über Teilung vermehrt werden.

Ideale Partner → Brandkraut (*Phlomis russeliana*), Blaustrahl-Hafer (*Helictotrichon sempervirens*), Wild- und Strauchrosen, Zistrose (*Cistus*), Dost (*Origanum vulgare*), Walzen-Wolfsmilch (*Euphorbia myrsinites*), Quirlblättriges Mädchenauge (*Coreopsis verticillata*), Spornblume (*Centranthus ruber*), Färberkamille (*Anthemis tinctoria*), Blutroter Storchschnabel (*Geranium sanguineum*).

Gute Sorten → 'Alba', weiße Blüten. 'Gletschereis', weißblaue Blüten, feiner Duft, blütenreich und standfest. 'Walkers Low', blauviolett, blütenreich, bis 80 cm hoch.

Mit lockerem Wuchs, aromatischem Laub und lavendelblauen Blüten wickelt diese unkomplizierte Staude jeden um den Finger: Taubenschwänzchen, Schmetterlinge, Bienen, Gärtner ... und auch Katzen, die das arme Ding in ihrer Leidenschaft manchmal sehr strapazieren! Die Katzenminze wächst praktisch überall, solange der Boden nicht dauerhaft nass ist. Ob sie sich an Rosenfüße schmiegt, Beetstauden und Gräser umschmeichelt, sich galant über einen Topfrand drapiert oder im Kiesgarten Akzente setzt – sie ist wirklich eine Staude für (fast) alle Fälle.

ZAHLEN & FAKTEN

- bis 80 cm hoch und breit
- lavendelblaue Blüten von Mai bis September
- Insektenmagnet
- sonniger oder halbschattiger Standort
- liebt alle durchlässigen Böden
- versamt sich gern
- geeignet für Stein-, Kiesgärten und Kübel

GEWÖHNLICHER DOST

Origanum vulgare 'Aureum'

Heimische Würzpflanze, die während der Blüte zum Treffpunkt von Schmetterlingen und Bienen wird. Die Staude wächst buschig und breitet sich über Rhizome aus. Zum Vermehren einfach ein Stück mit dem Spaten abtrennen. Ab dem Sommer erscheinen zahlreiche lockere rispenartige, rosafarbene Blüten, die bis in den Herbst hinein erfreuen. Die Blüten kontrastieren hübsch mit dem goldgelben Laub. Der Hungerkünstler und Sonnenanbeter fühlt sich auf Mauerkronen, im Stein-, Kies- und Steppengarten und in einer Kräuterspirale wohl.

Mein Tipp → Im zeitigen Frühjahr alle Triebe bodennah abschneiden. Verblühtes rechtzeitig entfernen, wenn er sich zu sehr versamt. Die Blätter und frischen Triebspitzen können während der Saison regelmäßig geerntet und in der Küche zum Würzen oder für Tees verwendet werden. In Kombination mit den Gewürzen aus unten erwähnten Pflanzpartnern entsteht ein schöner und praktischer Kräutertopf – ideal für Balkongärtner!

Ideale Partner → Blau-Schwingel (*Festuca glauca*), Fetthenne (*Sedum*), Ysop (*Hyssopus officinalis*), Thymian (*Thymus vulgaris*), Salbei (*Salvia officinalis*), Bohnenkraut (*Satureja montana*).

Gute Sorten → *Origanum laevigatum* 'Herrenhausen', purpur überhauchtes junges Laub und Herbstfärbung.

ZAHLEN & FAKTEN

- bis 80 cm hoch und 30 cm breit
- rosafarbene Blütenrispen von Juli bis Oktober
- Insektenmagnet
- sonniger Standort
- karger bis mäßig fruchtbarer, durchlässiger Boden
- geeignet für Kübel

KAUKASUS-GAMANDER

Teucrium hircanicum

Mein Tipp → Kaukasus-Gamander wächst an schwierigen Orten und vagabundiert fröhlich durch den Garten. Diese positive Eigenschaft sollte man sich zunutze machen, um dem Garten eine natürliche Note zu verleihen. Die Staude ist eher kurzlebig, erhält sich aber durch großzügige Selbstaussaat. Wenn's zu viel wird, Verblühtes rechtzeitig abschneiden.

Ideale Partner → Scheinsonnenhut (*Echinacea pallida*), Reitgras (*Calamagrostis*), Federgras (*Nasella tenuissima*), Mädchenauge (*Coreopsis verticillata*), Kokardenblume (*Gaillardia*), Schafgarbe (*Achillea millefolium* 'Safran'), Mazedonische Witwenblume (*Knautia macedonica*), Färberkamille (*Anthemis tinctoria*).

Ein weiterer Gebirgsbewohner, der hart im Nehmen ist. Ein problemloser Allrounder, der eine hohe Anpassungsfähigkeit an den Tag legt. Die Staude ist in Beeten und Präriegärten genauso zu Hause wie an unwirtlichen Standorten. Seine purpurroten Blütenkerzen werden von Hummeln und Bienen umschwärmt und öffnen sich nonstop von Juni bis in den Oktober.

ZAHLEN & FAKTEN

- bis 60 cm hoch und breit
- purpurrote Blütenkerzen von Juni bis Oktober
- Insektenmagnet
- sonnige bis halbschattige Standorte
- durchlässiger bis frischer, mäßig fruchtbarer, auch ärmerer Boden
- versamt sich gern
- schöne Samenstände
- geeignet für Kübel

#machsnachhaltig

KÜSS DEN RASEN GOODBYE

Nicht viele Dinge im Garten sind langweiliger und umweltschädigender als ein gepflegter, moos- und unkrautfreier englischer Rasen. Stundenlang wird dieser bewässert, gedüngt, vertikutiert und gespritzt. Das alles nur, damit man danach eine öde, gleichförmig grüne und unbelebte Fläche bewundern darf. Dünger und Unkrautvernichter landen im Grundwasser, das Heulen der Rasenmäher tötet einem den letzten Nerv. In den zunehmend heißen, trockenen Sommern artet der Kampf um den Rasen zum Dauerstress aus. Der Gedanke der Nachhaltigkeit ist Rasenfetischisten ziemlich gleichgültig. Gibt es Alternativen zum Rasen? Aber ja, pflegeleicht und schön sind sie und dazu voller Leben!

Für wenig betretene Flächen und kleine Gärten in der Sonne bieten sich pflegeleichte, robuste Bodendecker wie Römische Kamille (*Chamaemelum nobile*), Sternmoos (*Sagina subulata*), Fiederpolster (*Leptinella squalida*) und Teppichverbene (*Phyla nodiflora*) an. An schattigen Stellen gedeihen Taubnessel (*Lamium*) und die grasartige *Liriope*. Bodendecker sind natürlich nicht so trittbeständig wie Gras, aber eine gute Wahl für einen Garten, in dem es keine Kinder gibt. Verlegt man zusätzlich Trittplatten, bleibt die Freude am Blütenteppich ungetrübt.

Es summt und brummt: der Kräuterrasen

Kinder wollen allerdings toben und spielen, und man selbst liegt ja auch ab und zu gern im Gras und schaut den Wolken zu. Da kommt ein Kräuterrasen gerade richtig! Er ist pflegeleichter als ein herkömmlicher Rasen und bezaubert mit seiner Vielfalt und Farbenpracht. Beim Kräuterrasen handelt es sich um eine Mischung von Gräsern und Kräutern, wobei die Gräser weniger aggressiv wachsen und so den Blumen und Kräutern gestatten, sich zu entwickeln. Er ist

Kräuterrasen gedeihen auf nährstoffarmen Böden in der Sonne und brauchen nur wenig Pflege.

Wildblumenwiesen sind schön anzusehen und ein wichtiger Beitrag für die Artenvielfalt.

weniger dicht als der klassische Rasen, dafür widerstandsfähiger gegenüber Trockenheit. Nach Dürren erholt er sich schnell wieder. Er gedeiht am besten in der Sonne und auf recht mageren Böden. Es gibt mehrere Möglichkeiten, einen Kräuterrasen anzulegen. Die erste ist einfach: Du mähst deinen Rasen einfach weniger und wartest ab, was sich von selbst einfindet. In vielen Rasen stehen die schnuckeligsten Wildblumen bereits in den Startlöchern, kommen jedoch nie zum Zug, weil man regelmäßig mit dem Mäher anrückt. Probier's aus!

In einen Kräuterrasen gehören Schätzchen wie Gänseblümchen, Löwenzahn, Günsel, Primel, Margerite und Braunelle. Alle sind beliebt bei Insekten, Frühblüher wie Löwenzahn sind besonders wertvoll. Um die Sache zu beschleunigen, kannst du einige von diesen in Form von Plugs (vorgezogenen Sämlingen) in den Rasen pflanzen. Aufwendiger ist eine Neuanlage, bei der man den Boden wie für einen gewöhnlichen Rasen vorbereitet und einsät. Der beste Zeitpunkt ist der Frühherbst.

Kräuterrasen werden je nach Wüchsigkeit nur fünf- bis achtmal jährlich gemäht, sodass viel Zeit für Genuss bleibt. Ein Kräuterrasen wird nie gedüngt oder vertikutiert, und das Schnittgut entfernt, damit der Boden nicht mit Nährstoffen angereichert wird. Idealerweise wartet man mit der ersten Mahd, bis sich die Blümchen versamt haben.

Ein Traum ist die Kombination von Kräuterrasen und Wildblumenwiese. Da man Letztere zur Blüte nicht betreten sollte, bietet es sich an, dafür einen Streifen zu reservieren. Wildblumenwiesen sind artenreich, ökologisch wertvoll und von poetischer Schönheit. Tipp → Kräuterrasen und Wildblumenwiese mit Blumenzwiebeln wie Narzissen, Schneeglöckchen, Krokussen und Präerielilien aufpeppen!

STRUKTURBILDNER

Im Gegensatz zu Einjährigen und Stauden sind Gehölze – egal, ob freistehende Bäume, Sträucher oder Heckenpflanzen – eine langfristige Investition und sollten mit Bedacht ausgewählt werden. Sie entwickeln sich nur dann vorteilhaft, wenn wir die bestmöglichen Voraussetzungen schaffen. Falsch gewählte Gewächse zeigen ihren Unmut oft erst nach Jahren, und auch wenn sie nicht sterben, so erfordern sie ein großes Maß an Pflege. Vor dem Kauf sollte man deshalb erst die Boden-, Licht- und Klimaverhältnisse abklären. Danach stimmt man die Endgröße des Gehölzes auf die Grundstücksgröße und die gestalterische Wirkung ab. Erst dann entscheidet man im Hinblick auf Habitus, Laub, Früchte, Rinde und Blüten. Das augenscheinlichste Merkmal ist der Habitus, da dieser saisonal unabhängig gleich bleibt.

Die Qual der Wahl

Es gibt lockere, kugelige, säulenförmige, ausladende und überhängende Formen. Die Wahl hängt vom vorhandenen Platz und dem persönlichen Geschmack ab. Viele schnittverträgliche Gehölze eignen sich sowohl als Solitär als auch für Hecken. Geometrische Formen verleihen eine formale Note. Säulenförmige Gehölze brauchen weniger Platz und sind ideal für kleine Gärten. Sie setzen Akzente und markieren Durchgänge und Gartenräume. Unter ausladenden Kronen lassen sich stimmungsvolle, schattige Sitzplätze anlegen.

Abgesehen von Größe und Wuchsform, unterscheiden sich Gehölze in den Ansprüchen und im Wurzelverhalten, wobei Tief- und Herzwurzler weniger schnell unter Trockenheit leiden als Flachwurzler.

Sind Sichtschutz oder essbare Früchte gewünscht, oder soll der Strauch vor allem dekorative Qualitäten haben? Für kleine Gärten empfehlen sich Gehölze, die verschiedene Eigenschaften in sich vereinen.

Wie sieht es mit der Nah- und Fernwirkung aus? Kommt es an der gewünschten Position zur Geltung? Zarte, unscheinbare Blüten oder ein wunderbarer Duft gehen auf Distanz unter. Das Raumgefühl lässt sich auf verschiedene Weise beeinflussen. Gehölzgruppen und eine geschickte Höhenstaffelung vermitteln ein Gefühl der Weite. Stattliche Bäume wiederum lassen große Grundstücke kleiner erscheinen.

In kleinen Anlagen übernehmen Großsträucher die Rolle von Solitären oder Hausbäumen. Durch Aufasten, also dem Entfernen der unteren Zweige, gewinnen wir zusätzlichen Raum, der sich mit Pflanzen und Accessoires gestalten lässt.

Gehölze strukturieren und bieten viele Gestaltungsmöglichkeiten. Als Investition in die Zukunft sollte man sie mit Bedacht auswählen.

Ein guter Start

Gehölze werfen Schatten und entziehen dem Boden Feuchtigkeit, was bei der Bepflanzung bedacht werden sollte. Dies wird vor allem mit zunehmendem Alter ein Thema. Generell fährt man vor allem als Anfänger gut mit heimischen, robusten Pflanzen, die zeitweise Trockenheit vertragen. Tipp → In den ersten Jahren sollte man sich mit der Bepflanzung zurückhalten, damit das Gehölz frei von Konkurrenzdruck anwachsen kann.

Da sich ein Garten stets verändert, müssen auch die Unterpflanzungen von Zeit zu Zeit überdacht und angepasst werden. Wer aber schon zu Beginn die richtige Wahl trifft, schafft ein pflegeleichtes, attraktives Umfeld, das nur wenig Pflege braucht. Die beste Pflanzzeit ist der Herbst, nur in sehr kalten Regionen sollte man den Frühling wählen. Bei der Auswahl darauf achten, dass die Ware gesund und unbeschädigt ist und einen gut durchwurzelten Ballen hat. Containerware wird vor dem Pflanzen zwei Stunden in einen Eimer Wasser gestellt. Das Pflanzloch etwas tiefer und breiter als der Ballen ausheben und den Aushub mit ein wenig Kompost vermischen. Eine geeignete Mulchschicht nach dem Angießen speichert die Feuchtigkeit und unterdrückt Wildwuchs. Diese Schicht wird alljährlich erneuert. In den ersten beiden Jahren sollte man bei Bedarf gießen.

DIE BESTEN: GEHÖLZE

ZIMT-AHORN

Acer griseum

Die Gattung Ahorn ist vielfältig und macht die Auswahl zur Qual. Der Zimt-Ahorn hat neben attraktivem Laub und der herrlichen abschilfernden, zimtähnlichen Rinde den Vorteil, dass er langsam wächst und hierzulande höchstens 10 m groß wird. Er stellt wenige Ansprüche an den Boden und kommt eingewachsen auch mit Trockenheit gut zurecht. Die Blüte im Mai ist eher unauffällig, dafür ist sein Herbstgewand umso prächtiger. Die beste Färbung entwickelt der Baum aus China an geschützten, vollsonnigen Plätzen und auf ärmeren Böden. Im Winter rücken seine geflügelten Früchte und die Rinde in den Fokus. Letztere ähnelt Stangenzimt, daher sein Name, und wird mit dem Alter markanter.

ZAHLEN & FAKTEN

- bis 10 m hoch und breit
- blüht im Mai
- tolle Herbstfärbung
- attraktive Rinde
- sonniger bis halbschattiger Standort (beste Färbung in der Sonne)
- frische bis normale, humusreiche Böden
- als Solitär- oder Hausbaum

Mein Tipp → Die Rinde kommt am besten zur Geltung, wenn man das untere Drittel freischneidet und den Baum so positioniert, dass er im Gegenlicht steht. Der empfindliche Wurzelbereich sollte nicht gestört, aber jährlich gemulcht werden. Aus diesem Grund sollte die Unterpflanzung gleichzeitig mit dem Einpflanzen des Baumes stattfinden.

Ideale Partner → Funkie (*Hosta*), Schaumblüte (*Tiarella*), Storchschnabel (*Geranium*), Bergenie (*Bergenia*), Wald-Schmiele (*Deschampsia cespitosa*), Herbst-Alpenveilchen (*Cyclamen hederifolium*), Lungenkraut (*Pulmonaria officinalis*), Kerzen-Wiesenknöterich (*Bistorta amplexicaulis*).

KUPFER-FELSENBIRNE

Amelanchier lamarckii

Mein Tipp → Die Felsenbirne eignet sich wegen ihres eindrücklichen Habitus als mehrstämmiger Solitär oder Hausbaum. Die Form lässt sich durch Freischneiden des unteren Drittels und selektives Auslichten der Krone apart hervorheben. Sehr wirkungsvoll ist eine Unterpflanzung aus verwildernden Zwiebel- und Wildblumen.

Ideale Partner → Traubenhyazinthen (*Muscari*), Narzissen (*Narcissus*), Blausternchen (*Scilla*), Wildblumenmischung, Pyrenäen-Aster (*Aster pyrenäus* 'Lutetia'), Bodendeckerrosen, Wolfsmilch (*Euphorbia*), Wiesen-Kerbel (*Anthriscus sylvestris* 'Ravenswing'), Magnolie (*Magnolia stellata, M. loebneri*), Japanischer Ahorn (*Acer japonicum*).

Gute Sorten → 'Ballerina', bis 6 m hoch. *A. alnifolia* 'Obelisk', säulenförmig, bis 5 m. *A. laevis* 'Snowflake', lange Blütentrauben, bis 6 m hoch.

Wenn ich nur ein Gehölz mit auf die einsame Insel nehmen könnte, dann wäre es die Felsenbirne. Im Frühling flattern ihre zarten, rosa überhauchten weißen, bei Bienen beliebten Blüten in der lauen Brise. Im Sommer bilden sich köstliche, kleine Früchte, bei deren Ernte mir stets die Amseln zuvorkommen. Und als wäre das nicht genug, verabschiedet sie sich im Herbst mit einem Feuerwerk der Farben. Die Felsenbirne ist vollkommen anspruchslos und wächst auch an trockenen Standorten. Sie passt in Naturgärten, macht aber auch als edler Solitär eine gute Figur.

ZAHLEN & FAKTEN

- bis 8 m hoch und breit
- rosa überhauchte, weiße Blüten im April und Mai
- leckere Früchte
- tolle Herbstfärbung
- Insektenmagnet
- Vogelnährgehölz
- sonniger bis halbschattiger Standort
- trockener bis frischer, durchlässiger Boden
- Solitär- und Hausbaum

CHINESISCHER JUDASBAUM

Cercis chinensis 'Avondale'

Im Gegensatz zum Gewöhnlichen Judasbaum bleibt diese Sorte klein und kompakt und ist somit eine wunderbare Wahl für kleinere Gärten. Der Strauch hat eine anmutige Vasenform und bildet vor dem Blattaustrieb üppige purpurrosafarbene Blütenbüschel entlang der Zweige. Mich persönlich erinnern sie an herrliche, farbenfrohe Schmetterlinge! Die herzförmigen Blätter sind erst zartgrün, später sattgrün und im Herbst gelb. Ein weiterer Allrounder, der sich in Naturgärten und auch als Solitär oder Teil einer Strauchrabatte wohlfühlt.

Mein Tipp → Wenn du ein Pflanzenfreund bist wie ich und viel zu wenig Platz hast, dann betrachte den Judasbaum als natürliches Rankgerüst, in das man schwachwüchsige Waldreben wie *Clematis texensis* und die Italienische Waldrebe (*C. viticella*) lenken kann. Durch selektives, zurückhaltendes Auslichten lässt sich außerdem der attraktive Habitus betonen.

Ideale Partner → Afrikanisches Liebesgras (*Eragrostis curvula*), Wald-Schmiele (*Deschampsia cespitosa*), Katzenminze (*Nepeta*), Lavendel (*Lavandula*), Zistrose (*Cistus*), Zier-Lauch (*Allium*), Damen-Tulpe (*Tulipa clusiana*), Frauenmantel (*Alchemilla mollis*).

Gute Sorten → Für größere Grundstücke eignet sich der Gewöhnliche Judasbaum (*Cercis siliquastrum*), den es auch in Weiß gibt ('Alba').

ZAHLEN & FAKTEN

- bis 4 m hoch und 2,50 m breit
- purpurrosa Blüten im April und Mai
- schöne Herbstfärbung
- Insektenmagnet
- sonniger bis halbschattiger Standort
- jeder durchlässige, einigermaßen fruchtbare Boden, auch Lehmboden
- guter Hausbaum für kleine Gärten
- Topfkultur bei ausreichend großem Kübel möglich

ECHTE QUITTE

Cydonia oblonga 'Vranja'

Mein Tipp → In raueren Regionen muss man nicht auf die Quitte verzichten, sondern zieht sie einfach als Spalierbaum an einer geschützten Hauswand. Dort wird sie nach der Blüte oder im Spätwinter auf zwei bis vier Knospen im bleibenden Astwerk zurückgestutzt. Freiwachsende Exemplare werden alle zwei bis drei Jahre etwas ausgelichtet. Das Stutzen der Triebe fördert die Verzweigung.

Ideale Partner → Elfenblume (*Epimedium pinnatum*, *E. warleyense*), Wald-Vergissmeinnicht (*Myosotis sylvatica*), Knotiger Storchschnabel (*Geranium nodosum*), Blutroter Storchschnabel (*Geranium sanguineum*), Blau-Schwingel (*Festuca glauca*).

Gute Sorten → 'Bereczki', bis 4 m hoch, ungarische Sorte, große Früchte, anspruchslos. 'Konstantinopeler Apfelquitte', bis 4 m hoch, alte Sorte, gut für raue Lagen.

Die aus Asien kommende Quitte ist in Südeuropa bereits seit dem Altertum verbreitet. In Zeiten, da Platz immer knapper wird und Gärten zusehends schrumpfen, ist es klug, einen Hausbaum zu wählen, der nicht nur dekorativ ist, sondern einen mit leckeren Früchten versorgt. Da kommt die malerische Quitte gerade recht, denn sie bezaubert im späten Frühling mit ihren schlichten, blassrosa Blüten und bildet im Lauf des Sommers köstlich duftende, zur Reifezeit goldgelbe, aromatische Früchte, die sich zu allerlei Köstlichkeiten verarbeiten lassen. Vom Quittenlikör über Quittenbrot zu -kuchen und -gelee – dieser Baum ist ein Traum für jede Küchenfee!

ZAHLEN & FAKTEN

- bis 5 m hoch und breit
- blassrosa Blüten im Mai
- gelbe Herbstfärbung
- sonniger Standort
- humoser, fruchtbarer, gut dränierter Boden
- schöner Hausbaum
- beste Ernte in Gegenden mit heißen, langen Sommern

ECHTE FEIGE

Ficus carica 'Violetta'

Die Echte Feige zählt zu den ältesten Kulturpflanzen der Welt. Man vermutet ihre ursprüngliche Heimat in Asien, aber sie wird im Mittelmeerraum bereits seit der Antike kultiviert.
Die Sommer dauern mittlerweile länger, die Winter sind milder. Mit der selbstbefruchtenden Echten Feige 'Violetta', auch Bayernfeige genannt, kann man sich den Traum vom Süden in den eigenen Garten holen! Eigentlich sind Feigen empfindliche Gewächse, aber mit dieser Züchtung rückt die Kultur des süßen und vitaminreichen Obstes in greifbare Nähe. 'Violetta' erreicht eine Höhe von 3 m und eignet sich durch ihren, schönen Habitus gut als Hausbaum. Die violettroten Früchte heben sich apart von den großen, handförmigen Blättern ab und werden ab Juli reif. Tiefreichendes Wurzelwerk versorgen die Feigen in trockenen Zeiten mit Feuchtigkeit.

ZAHLEN & FAKTEN

- bis 3 m hoch und breit
- leckere, gesunde Früchte im Sommer
- gelbe Herbstfärbung
- sonniger, windgeschützter Standort
- nährstoffreicher, durchlässiger Boden
- attraktiver Hausbaum
- Winterschutz bei länger anhaltendem, starkem Frost

Mein Tipp → Auch wenn die Bayernfeige als eine der winterhärtesten Sorten gilt, benötigt sie einen windgeschützten, sonnigen Platz. Wie die Quitte kann sie an einem Spalier gezogen werden, aber dies erfordert einen konsequenten Schnitt. Die Triebe freiwachsender Pflanzen werden vor dem Blattaustrieb im Frühjahr gestutzt.

Ideale Partner → einjährige Sommerblumenmischungen, Thymian (*Thymus*), Sonnenröschen (*Helianthemum*), Walzen-Wolfsmilch (*Euphorbia myrsinites*), Lavendel (*Lavandula*), Rosmarin (*Salvia rosmarinus*, Syn. *Rosmarinus officinalis*).

Gute Sorten → Eine gute Winterhärte haben auch die Sorten 'Brown Turkey', 'Ronde de Bordeaux', 'Bornholmfeige' und die zweimal tragende 'Twotimer'.

SIEBEN-SÖHNE-DES-HIMMELS-STRAUCH

Heptacodium miconioides

Dieses Geißblattgewächs zählt für mich zu den schönsten Gehölzen, und ich verstehe nicht, warum es so selten gepflanzt wird, denn es ist gesund, robust, winterhart und pflegeleicht. Sommerliche Trockenphasen steckt der Strauch aus dem fernen China problemlos weg und verdreht einem ab August mit seinen duftenden, sternförmigen, weißen Blüten den Kopf. Später folgen purpurrote Fruchtstände, die wie eine zweite Blüte anmuten. Die gelb- bis rotbraune Rinde löst sich in langen Streifen und sorgt dafür, dass das Gehölz auch im Winter ein toller Anblick ist. Das eiförmige Laub ist erst dunkelgrün, später gelb und biegt sich nach unten. In seiner Heimat ist diese vielseitige Pflanze durch wahlloses Abholzen in Bedrängnis geraten – ist das nicht ein weiterer guter Grund, sie bei sich aufzunehmen?

Mein Tipp → Im unteren Drittel wächst der mehrstämmige Strauch manchmal etwas chaotisch, weshalb ich quer stehende, dünne Zweige auslichte. Das gestattet eine Unterpflanzung und bringt die Rinde besser zur Geltung, die wiederum im Gegenlicht zur Höchstform aufläuft.

Ideale Partner → Waldrebe (*Clematis recta* 'Purpurea', *C. viticella*), Rasen-Schmiele (*Deschampsia flexuosa*), Wald-Aster (*Eurybia divaricata*), Lampenputzergras (*Pennisetum alopecuroides*, *P. orientale*).

ZAHLEN & FAKTEN

- bis 4 m hoch und breit
- duftende, weiße Blüten von August bis Oktober
- attraktive, purpurrote Fruchtstände
- gelbe Herbstfärbung
- abschilfernde Rinde
- sonniger Standort
- nährstoffreicher, durchlässiger Boden
- attraktiver Hausbaum
- Insektenmagnet

AMBERBAUM

Liquidambar styraciflua

Der Amberbaum rückte in den letzten Jahren aufgrund seiner Anpassungsfähigkeit und guten Trockenheitsverträglichkeit ins Zentrum des Interesses. Einmal eingewachsen können Hitze und Dürre dem pflegeleichten Nordamerikaner nicht so schnell etwas anhaben. Und was die Herbstfärbung angeht, so ist der Amberbaum nahezu unübertroffen: Seine orange- bis violettfarbenen Blätter bleiben bis zu den ersten Frösten am Baum hängen und bringen jedes Herz zum Hüpfen. Mit zunehmendem Alter bilden sich dekorative, runde Fruchtkapseln, die wie zusammengerollte Igel anmuten und sehr lang am Baum hängen bleiben. Sein Name bedeutet „flüssiger Bernstein" und bezieht sich auf sein süßlich duftendes Harz, das Indianer als Kaugummi verwandten.

ZAHLEN & FAKTEN

- bis 20 m hoch und breit
- grüne Blütentrauben im Mai
- prächtige Herbstfärbung
- dekorative, stachelige Kapselfrüchte im Alter
- sonniger bis halbschattiger Standort
- humusreiche, leicht saure, mäßig fruchtbare, frische bis normale Böden
- verträgt zeitweise Trockenheit
- idealer Hausbaum, schön am Teichrand

Mein Tipp → Der Amberbaum ist recht wärmebedürftig, deshalb ist eine Frühjahrspflanzung vorzuziehen, damit er bis zum Herbst ausreichend Wurzeln bilden kann. Ein geschützter Standort und eine schützende Mulchschicht helfen „Jungspunden" durch die Anfangszeit.

Ideale Partner → Zaubernuss (*Hamamelis*), Pfaffenhütchen (*Euonymus*), Chinaschilf (*Miscanthus sinensis*), Übelriechende Schwertlilie (*Iris foetidissima*), Christrose (*Helleborus*).

Gute Sorten → 'Gum Ball', 5 m hoch, kugelförmige Krone, ideal für kleine Gärten. 'Worplesdon', 12 m hoch. 'Lane Roberts', 20 m hoch, dunkles, schwärzlich rotes Laub. 'Slender Silhouette', 12m hoch, säulenformig.

ZIER-APFEL

Malus spec.

Mein Tipp → Eine Unterpflanzung mit frühlingsblühenden Zwiebelblumen und einer nicht zu wüchsigen Waldrebe, die alljährlich in Bodennähe gekappt wird, verlängert die Saison.

Ideale Partner → Italienische Waldrebe (*Clematis viticella*), Schneeglöckchen (*Galanthus*), Schneestolz (*Chionodoxa*), Narzissen (*Narcissus*), Hasenglöckchen (*Hyacinthoides non-scripta*, *H. orientalis*).

Gute Sorten → 'Royalty', 'Cardinal' und 'Prairie Fire', purpurrote Blüten und dunkelrote Früchte. 'Butterball', *Malus toringo* und *M. floribunda*, weißrosa Blüten und gelbe Früchte. *M. toringoides* 'Evereste' und 'John Downie', weiße Blüten und gelbe bis rötliche Früchte. Diese Sorten werden 6–8 m hoch.

Zier-Äpfel bescheren uns mit ihrer Blüte mehrere umwerfende Höhepunkte im Gartenjahr. Zum Glück gibt es auch säulenförmige und kleinere Sorten, sodass niemand auf dieses prächtige Gehölz verzichten muss. Das Spektrum der Blütenfarbe reicht von Weiß über Hell- und Dunkelrosa zu Rubinrot und Purpurrosa. Den Sommer über verschmilzt der Zier-Apfel mit seiner Umgebung und bereitet sich auf sein flammendes Herbstfinale vor, wenn seine gelben, orangefarbenen oder roten Früchte wie kleine Juwelen zwischen dem Herbstlaub hervorblitzen. Die Früchte haben nicht nur Zierwert, sondern nutzen auch heimischen Tieren und Zugvögeln!

ZAHLEN & FAKTEN

- bis 10 m hoch und 7 m breit
- weiße, rosa, purpurrosa oder rubinrote Blüten im Mai
- attraktive, teils flammende Herbstfärbung
- zierende Früchte
- sonniger bis halbschattiger Standort
- humusreiche, nährstoffreiche, normale Böden
- verträgt zeitweise Trockenheit
- idealer Hausbaum und Vogelnährgehölz

ZIER-KIRSCHE UND ZIER-PFLAUME

Prunus spec.

Wen der Charme der Zier-Äpfel aus den Puschen haut, der ist auch nicht gefeit vor jenem der Zier-Kirschen, die den Frühling mit federleichter Anmut und Schönheit zu füllen wissen. Einmal eingewachsen erweisen sich die „Frühlingsgöttinnen" als pflegeleicht und kommen auch mit Trockenheit gut zurecht. Alle zeichnen sich durch eine prachtvolle Blüte, einen hübschen Wuchs, dekorative Rinde und bezaubernde Herbstfärbung aus. Einfachblühende Sorten werden begeistert von Insekten angeflogen, weshalb man diesen – auch aufgrund ihres natürlicheren Aussehens – den Vorzug gibt.

Mein Tipp → Ein Aufasten bringt die attraktive Rinde besser zur Geltung.

ZAHLEN & FAKTEN

- bis 10 m hoch und breit
- weiße, rosa oder purpurrosa Blüten im Mai
- flammende Herbstfärbung
- zierende Früchte, die sich zu Gelee verarbeiten lassen
- sonniger oder halbschattiger Standort
- nährstoffreiche, sandig-lehmige Böden, toleriert jedoch alle kultivierten Gartenböden
- verträgt zeitweise Trockenheit
- idealer Hausbaum
- Insektenmagnet

Ideale Partner → Zier-Apfel (*Malus*), Zaubernuss (*Hamamelis*), Narzissen (*Narcissus*), Puschkinie (*Puschkinia*), Prärielilie (*Camassia leichtlinii*, *C. cusickii*), Funkie (*Hosta*), Farne (*Polystichum*, *Dryopteris*).

Gute Sorten → Blut-Pflaume (*Prunus cerasifera* 'Nigra'), bis 6 m hoch, leckere Früchte, rosafarbene Blüten, sehr trockenheitstolerant. *P.* × *hillieri* 'Spire', bis 8 m hoch, säulenförmig, mandelrosa Blüten. Berg-Kirsche (*P. sargentii*), bis 10 m hoch, rosa Blüten, tolle Rinde. Mahagoni-Kirsche (*P. serrula*), bis 9 m hoch, weiße Blüten, mahagonifarbene Rinde. *P. subhirtella* 'Autumnalis', bis 5 m hoch, weiße Blüten, blüht bei milder Witterung bereits im November oder Dezember. 'Autumnalis Rosea' blüht rosa, 'Pendula' ist eine kompakte Hängeform.

EBERESCHE

Sorbus spec.

Mein Tipp → Unwiderstehlich in Verbindung mit einer nicht zu starkwüchsigen Waldrebe, die sich galant durch das Astwerk webt. Mehrstämmige Exemplare wirken ausgeglichener und natürlicher als Hochstämme. Heimische Ebereschenarten sind schnittverträglich und machen eine gute Figur in einer Vogelschutzhecke.

Ideale Partner → Waldrebe (*Clematis alpina*, *C. tangutica*, *C. viticella*), Berberitze (*Berberis*), Pfaffenhütchen (*Euonymus*), Hunds-Rose (*Rosa canina*), Gemeiner Schneeball (*Viburnum opulus*).

Gute Sorten → *Sorbus aucuparia*, bis 12 m hoch, heimisch, rote Früchte. *S. aucuparia* 'Fastigiata', bis 8 m, säulenförmig. 'Joseph Rock', bis 10 m hoch, gelbe, lang haftende Früchte. *S. koehneana*, bis 4 m hoch, weiße Früchte. Elsbeere (*S. torminalis*), bis 20 m hoch, heimisch, braunrote Früchte. Vilmorins Eberesche (*S. vilmorinii*), bis 6 m hoch, rosafarbene Früchte.

Die Eberesche, auch treffend Vogelbeere genannt, punktet auf vielen Gebieten: Sie ist anspruchslos, hat einen malerischen Wuchs, bezaubert im Frühling mit weißen Schirmrispen und ab dem Sommer mit leuchtenden Beeren. Zu alldem gibt es im Herbst noch ein Farbspektakel obendrauf! Sie ist bei Insekten und Vögeln beliebt. Amseln und Drosseln sitzen im Winter zufrieden kauend mit dicken Backen in den Zweigen. Ebereschen wurzeln tief und sind trocken- und hitzeresistent, was sie in Zeiten des Klimawandels zusätzlich begehrenswert macht.

ZAHLEN & FAKTEN

- bis 20 m hoch und 15 m breit
- weiße Schirmrispen im Mai und Juni
- besonders feurige Herbstfärbung
- zierende weiße, rosafarbene oder rote Früchte
- sonniger bis halbschattiger Standort
- humusreiche, nährstoffreiche, lockere Böden
- verträgt Trockenheit und Hitze
- idealer Hausbaum
- Insektenmagnet
- Vogelnährgehölz

FEATURE

GEHÖLZE HALTEN UNS COOL

Ein afrikanisches Sprichwort besagt „Die beste Zeit, einen Baum zu pflanzen, war vor 20 Jahren. Die nächstbeste Zeit ist jetzt." Bäume halten uns am Leben. In ihrer Gegenwart fühlen wir uns wohl, sie geben uns Kraft. Und: Sie sorgen dafür, dass wir cool bleiben!

Bäume verdunsten Wasser und reichern die Luft mit Feuchtigkeit an, was die Temperatur senkt und uns erfrischt. Deshalb ist es im Wald im Sommer stets kühl und angenehm. Bäume filtern Feinstaub, der vor allem bei Trockenheit ein Thema ist. Ihre Wurzeln absorbieren und filtrieren das Oberflächenwasser und wirken der Wasserverschmutzung entgegen.

Das trockenverträgliche Begrünen unserer Städte – Dächer und Wände eingeschlossen – ist von besonderer Wichtigkeit, denn Pflanzen absorbieren die Sonneneinstrahlung und reduzieren die Erwärmung von Luft und Oberflächen enorm. Dank ihnen verschwindet Regen nicht ungenutzt in der Kanalisation, sondern verbleibt im Erdreich und verdunstet mit der Zeit.

Fazit: Wir müssen viel mehr Bäume und Sträucher pflanzen! Dabei geht es nicht nur um Baumriesen, auch kleine Gehölze tragen zur Verbesserung des Klimas bei. Experten empfehlen das Pflanzen von mehreren Milliarden Bäumen als die billigste und wirkungsvollste Art, dem Klimawandel entgegenzuwirken. Eine weltweite Pflanzaktion könnte den von Menschen verursachten CO_2-Anteil um bis zu zwei Drittel reduzieren, denn während Bäume wachsen, wird CO_2 absorbiert und gespeichert. Gleichzeitig produzieren sie Sauerstoff und verhindern Erosion.

Natürliche Kühlung

Unsere Städte werden immer wärmer. Das liegt einerseits am Klimawandel, andererseits an den Kies- und Schotterwüsten, die wie Pilze aus dem Boden schießen, und an den sich aufheizenden

Ohne Bäume kein Leben. Als lebende Klimaanlagen sorgen sie für ein angenehmes Ambiente, reinigen Oberflächenwasser und sind wertvolle Habitate. Unsere heimischen Eichen beherbergen so viele Tierarten wie keine andere Baumart.

Geborgenheit und Frische genießt man an heißen Tagen im lichten Schatten des trockenheitsverträglichen Sieben-Söhne-des-Himmels-Strauchs (Heptacodium miconioides) und der Hainbuchen-Laube.

Hausfassaden und Straßenbelägen. Auch Industrie, Verkehr, Heiz- und Kühlprozesse tragen ihren Teil bei. Man spricht vom Wärmeinsel-Effekt: Je mehr Niederschlag in einer Region fällt, desto größer ist dieser Effekt. Pflanzen wachsen bei Regen üppig und kühlen ihre Umgebung. Dies betont den Kontrast zwischen Land und „Betonwüste" Stadt. In extremen Fällen ist es in der Stadt bis zu 10 °C wärmer als auf dem Land. In der Folge treiben Klimaanlagen den Energieverbrauch noch mehr in die Höhe.

Forscher in den Niederlanden fanden heraus, dass die Kühlleistung eines Baumes 20 bis 30 Kilowattstunden pro 50 l verdunstetem Wasser betragen kann. Das ist mehr als fünf Hausklimaanlagen schaffen! Wie stark er kühlt, hängt von Größe, Art und Gesundheitszustand ab. In Tests erwiesen sich Bäume mit dichtem Blattwerk auf asphaltierten Flächen als bessere Klimaanlagen. In Rasenflächen hingegen sind weniger durstige Bäume effizienter, denn auch Gras trägt zur Verdunstung und Kühlung bei, so lange es nicht verdorrt ist. Bäume können durch „Schwitzen" – die sogenannte Evapotranspiration – in ihrem Schatten die Temperatur um bis zu 5 °C senken. Das beste Ergebnis wird erzielt, wenn sie in größerer Zahl gepflanzt werden. In Anbetracht zunehmend trockener Sommer ist es sinnvoll, künftig keine durstigen Bäume zu pflanzen. Leider haben viele einheimische Baumarten einen recht hohen Wasserbedarf.

Woran erkennt man einen trockenheitstoleranten Baum?

Er hat eher kleine Blätter und eine lockere, luftige Krone. Trockenheitsverträglich sind zum Beispiel manche Ahorn-, Kirsch-, Eichen-, Pappel- und Birkenarten sowie Robinien und Maulbeerbäume. Mehr Bäume sind die Lösung; und die nächstbeste Zeit, sie zu pflanzen, ist jetzt – worauf warten wir noch?

DIE BESTEN: HECKENPFLANZEN

BERBERITZE

Berberis spec.

Viele scheuen sich vor pieksenden Sträuchern, haben mit Rosen allerdings kein Problem. Das ist unlogisch, denn gerade Rosen verhaken sich für ihr Leben gern in Kleidung oder Haaren unschuldig vorbeischlendernder Gärtner. Daneben wirken Berberitzen nahezu harmlos! Wie *Cotoneaster* leiden sie unter einem schlechten Image, das wohl auch auf die einfallslose Nutzung im öffentlichen Raum zurückgeht. Im Frühjahr zur Blüte sind die Sträucher vom glücklichen Summen der Insekten erfüllt, im Winterhalbjahr laben sich Vögel an den schmackhaften Früchten, und das Herbstkleid ist auch nicht zu verachten.

ZAHLEN & FAKTEN

- bis 4 m hoch und breit
- gelbe oder orangefarbene Blüten im Mai
- sommergrüne Arten mit prächtiger Herbstfärbung
- zierende rote Früchte
- sonniger bis halbschattiger Standort
- alle normalen, kultivierten Böden
- verträgt Trockenheit und Hitze
- Insektenmagnet
- Vogelnährgehölz

Mein Tipp → Wer mag und sich nicht vor den Stacheln scheut, der kann höhere Sorten etwas aufasten und somit eleganter gestalten.

Ideale Partner → Woll-Ziest (*Stachys byzantina*), Große Fetthenne (*Hylotelephium*), Walzen-Wolfsmilch (*Euphorbia myrsinites*), Blau-Schwingel (*Festuca glauca*), Zierquitte (*Chaenomeles*), Pfeifenstrauch (*Philadelphus*).

Gute Sorten → *Berberis buxifolia*, bis 2,50 m hoch, gelborangefarbene Blüten. *B. julianae*, bis 4 m, orangefarbene Blüten, schwarze Früchte, immergrün. *B. linearifolia*, 'Orange King', bis 1,50 m, orangefarbene Blüten, schmales Laub. *B. × stenophylla*, bis 2 m hoch, gelbe Blüten, immergrün, für milde Lagen. *B. thunbergii*, bis 3 m, herrliche Herbstfärbung, 'Aurea' mit goldfarbenem Laub. *B. vulgaris*, bis 3 m, heimisch.

KORNELKIRSCHE

Cornus mas

Unsere heimische Kornelkirsche beginnt bereits im Spätwinter zu blühen. Ihre zarten, gelben Blütendolden sind eine wichtige Nahrungsquelle für Bienen, Hummeln und andere Insekten. Im Herbst locken die leckeren, Vitamin-C-reichen, roten Früchte, die sich zu Saft und Marmelade verarbeiten lassen, zahlreiche Vögel in den Garten. Die Kornelkirsche ist vielseitig verwendbar. Aufgrund ihrer Schnittverträglichkeit passt sie gut in Vogelschutzhecken. Unbeschnitten wird sie etwa 5 m hoch und eignet sich als Solitär oder für freiwachsende Strauchrabatten. Im Herbst verfärbt sich ihr Laub purpurrot.

Mein Tipp → Durch selektives Auslichten wird die schlichte Kornelkirsche zu einem echten Hingucker. Sie lässt sich dann auch gut unterpflanzen und mit einer schwachwüchsigeren Kletterpflanze kombinieren.

Ideale Partner → Umwerfend in Kombination mit frühlingsblühenden Zwiebelblumen wie Krokus (*Crocus*), Schneestolz (*Chionodoxa*), frühblühende Narzissen (zum Beispiel *Narcissus* 'Tête à tête'), Blaustern (*Scilla*), Rosa 'Guirlande d'amour', Italienische Waldrebe (*Clematis viticella*).

Gute Sorten → 'Elegantissima', bis 3 m hoch, gelb-buntes Laub. 'Variegata', bis 2,50m, weißer Blattrand. 'Macrocarpa', bis 5 m hoch, birnenförmige Früchte. 'Jantarnyi', bis 3 m hoch, große, süße Früchte.

ZAHLEN & FAKTEN

- bis 5 m hoch und breit
- gelbe Blütendolden im Februar und März
- purpurrote Herbstfärbung
- rote Früchte, die sich zu Saft und Marmelade verarbeiten lassen
- sonniger bis halbschattiger Standort
- jeder normale, durchlässige Boden
- verträgt Trockenheit und Hitze
- Insektenmagnet
- Vogelnährgehölz

BLUTROTER HARTRIEGEL

Cornus sanguinea

Ein heimischer, anspruchsloser und ausbreitungsfreudiger Strauch mit vielen Qualitäten. Sein Vorkommen in den rauen Alpen weist auf eine zähe Natur hin. Im späten Frühling ist er über und über mit weißen Rispenblüten bedeckt, an denen sich Wildbienen laben. Das Laub ist eine Nahrungsquelle für Schmetterlinge wie Faulbaumbläuling und Brombeerzipfelfalter. Die dekorativen, schwarzen Beeren hängen lang am Strauch und sind eine wichtige Nahrungsquelle für Vögel und Kleinsäuger. Im Herbst verfärbt er sich flammend gelb und orange. Ideal für Hecken, Naturgärten und als Solitär. Dekorative Rinde!

ZAHLEN & FAKTEN

- bis 6 m hoch und breit
- weiße Blütenrispen im Mai und Juni
- prächtige Herbstfärbung
- schwarze, dekorative Früchte
- sonniger bis halbschattiger Standort
- jeder durchlässige Boden
- Insektenmagnet
- Vogelnähr- und -schutzgehölz

Mein Tipp → Der Blutrote Hartriegel lässt sich durch selektiven Schnitt aufasten und transparenter machen und wird so zu einem echten Hingucker, der sich hinter seinen edleren Schwestern, den Blumen-Hartriegeln, nicht verstecken muss. Regelmäßiges Auslichten sorgt für leuchtende Triebe.

Ideale Partner → Tartarischer Hartriegel (*Cornus alba* 'Elegantissima'), Weißer Hartriegel (*Cornus sericea* 'Flaviramea'), Bunte Silber-Weide (*Salix alba* var. *vitellina* 'Britzensis'), Chinaschilf (*Miscanthus sinensis*).

Gute Sorten → 'Annie's Winter Orange' und 'Winter Beauty' werden bis 3 m hoch und haben leuchtend gelborangefarbene Triebe, die alljährlich auf den Stock gesetzt oder teilweise bodennah abgeschnitten werden sollten.

HASELNUSS

Corylus spec.

Mein Tipp → Damit der Strauch sich nicht zum undurchdringlichen Gestrüpp entwickelt, werden kreuz und quer stehende Triebe herausgeschnitten. Alte Exemplare lassen sich durch einen bodennahen Rückschnitt verjüngen.

Ideale Partner → Erika (*Erica*), Bergenie (*Bergenia*), Storchschnabel (*Geranium* spec.), Stinkende Nieswurz (*Helleborus foetidus*), Alpen-Waldrebe (*Clematis alpina*), Berberitze (*Berberis*).

Gute Sorten → Gewöhnliche Hasel: *C. avellana* 'Aurea', bis 5 m hoch, leuchtend gelbe Blätter. 'Contorta', stark gedrehte Triebe, gut für Floristik und als Solitär. Große Hasel (*C. maxima* 'Purpurea'), bis 6 m hoch, dunkelpurpurne Kätzchen und Blätter, braucht volle Sonne.

Die Haselnuss gehört zu den wunderbaren Geschöpfen, die ohne jegliches Zutun gedeihen und uns das ganze Jahr über beschenken. Es beginnt mit den goldenen Kätzchen, die das Winterende einläuten und das Herz von Insekten höherschlagen lassen. Später bilden sich essbare Nüsse, die Eichhörnchen in den Garten locken. Das Laub lädt zum Streicheln ein und kommt auf Wunsch auch in Leuchtendgelb oder Rot daher. Die Zweige eignen sich für Blumenarrangements und zum Flechten von Staudenstützen. Einfach in den Boden gesteckt, greifen sie Erbsen und Buschbohnen unter die Arme. Kleinere Haselnüsse passen in die Hecke, Kulturformen machen sich gut als Solitär.

ZAHLEN & FAKTEN

- bis 6 m hoch und breit
- gelbe oder purpurne Kätzchen im Februar und März
- essbare Nüsse
- sonniger bis halbschattiger Standort
- fruchtbare, gut durchlässige Böden, kalkliebend
- verträgt Trockenheit und Hitze
- Insektenmagnet
- Liebling der Eichhörnchen

WEIßDORN

Crataegus spec.

Vor den Dornen dieses prachtvollen Baums sollte man sich hüten, aber deswegen nicht auf ihn verzichten, denn er ist eines der schönsten und nützlichsten Gehölze. Im Frühling hüllt es sich in eine duftende, weiße Blütenwolke, und der ganze Strauch summt, so sehr fliegen Insekten auf ihn. Im Herbst reifen dekorative, rote Früchte heran, die sich in der Medizin bei Herz- und Kreislaufstörungen bewährt haben. Mit seinen wehrhaften Trieben schützt der Weißdorn Vogelnester vor Feinden. Heimische Weißdorn-Arten bieten 150 Insektenarten und vielen kleinen Säugetieren Nahrung und Obdach. Weißdorn wird wegen seiner lange währenden Attraktivität und enormen Frosthärte kultiviert und eignet sich für Hecken und als Solitärbaum.

ZAHLEN & FAKTEN

- bis 8 m hoch und breit
- weiße, duftende Blüten im Mai und Juni
- gelbe Herbstfärbung
- rote Früchte
- sonniger bis halbschattiger Standort
- jeder durchlässige, tiefgründige Boden
- verträgt Trockenheit und Hitze
- Insektenmagnet
- Vogelschutz- und -nährgehölz

Mein Tipp → Wenn man den Weißdorn als Solitär pflanzt, lohnt es sich, ihm nach einigen Jahren eine Waldrebe zur Seite zu stellen: *Clematis tangutica* und *C. viticella* verlängern die Saison, *C. montana* hingegen blüht im Duett.

Ideale Partner → Holunder (*Sambucus*), Pfaffenhütchen (*Euonymus*), Echte Mispel (*Mespilus germanica*), Wildrosen (zum Beispiel *Rosa moyesii*, *R. majalis*, *R. multiflora*).

Gute Sorten → *C. laevigata* 'Paul's Scarlet', bis 8 m hoch, gefüllte, dunkelrosa Blüten. *C. monogyna* 'Stricta', bis 6 m hoch, säulenförmig.

PFAFFENHÜTCHEN

Euonymus spec.

Mein Tipp → Die beiden Pfaffenhütchen-Arten unterscheiden sich in Habitus und Herbstfärbung: Das Gewöhnliche Pfaffenhütchen (*E. europaeus*) wächst sparrig und leicht überhängend, während der Flügelspindel-Strauch (*E. alatus*) kompakter wächst. Ersteres lässt sich durch Schnitt etwas eleganter gestalten. Die Blüten entstehen am alten Holz, deshalb nicht zu viel schneiden.

Ideale Partner → Perückenstrauch (*Cotinus*), Pampasgras (*Cortaderia selloana* 'Pumila'), Chinaschilf (*Miscanthus sinensis*), Berberitze (*Berberis*), Schneeball (*Viburnum*).

Gute Sorten → Flügelspindel-Strauch (*E. alatus*), bis 3 m hoch, beste Herbstfärbung. 'Compactus', bis 1,50 m hoch, prima für kleine Gärten. *E. europaeus* 'Red Cascade', bis 4 m hoch und 2,50 m breit, reichfruchtend, größere Früchte als bei der Art.

Die Gattung *Euonymus* ist ein halber Dinosaurier, denn sie zierte bereits im Tertiär die Landschaft und bietet uns heute einige der tollsten Sträucher für den Herbstgarten. Typisch sind die oft vierkantigen, teils mit Korkleisten versehenen Zweige. Auf grünlich gelbe, eher unscheinbare Blüten folgen auffallende rosa- bis karminrote Fruchtkapseln, die mit den orangefarbenen Samen um die Wette leuchten und bei Vögeln beliebt sind. Die nektarreichen Blüten des Gewöhnlichen Pfaffenhütchens sind eine wichtige Nahrungsquelle für Schwebfliegen, Sand- und Honigbienen sowie diverse Käferarten. Pfaffenhütchen fühlen sich am Gehölzrand, in gemischten Rabatten und Hecken wohl.

ZAHLEN & FAKTEN

- bis 5 m hoch und breit
- unscheinbare, gelblich grüne Blüten im Mai und Juni
- prachtvolle gelb-rote, karmin- oder purpurrote Herbstfärbung
- ungewöhnliche rosarote Fruchtkapseln mit orangefarbenen Samen
- sonniger bis halbschattiger Standort
- alle kultivierten, durchlässigen Böden
- verträgt Trockenheit und Hitze
- Insektenmagnet
- Vogelnährgehölz

SANDDORN

Hippophae rhamnoides

Der Sanddorn ist eine Pionierpflanze mit weidenähnlichem Laub. Der anspruchslose Strauch braucht nur einen vollsonnigen Standort und durchlässigen, nährstoffarmen Boden. Am liebsten hat er sandig-kiesiges Substrat, von Häckselmulch sollte man absehen. Im Frühjahr öffnen sich unscheinbare, nach Honig duftende Blüten, aus denen sich später orangefarbene, Vitamin-C-reiche Früchte entwickeln, die man als Superfood bezeichnen darf. Sie werden in Form von Marmelade, Mus, Sirup und Tee genießbar. Der dornige Strauch dient Vögeln als Unterschlupf und Nahrungsquelle. Sanddorn ist zweihäusig, das heißt, es müssen ein männliches und ein weibliches Exemplar gepflanzt werden. Für eine erfolgreiche Windbestäubung sollte das männliche in der Hauptwindrichtung vom weiblichen stehen.

ZAHLEN & FAKTEN

- bis 6 m hoch und breit
- unscheinbare, grünlich braune, nach Honig duftende Blüten im März und April
- orangefarbene Früchte, die sich zu Marmelade, Saft etc. verarbeiten lassen
- vollsonniger Standort
- gut durchlässiger, auch sandig-kiesiger, nährstoff- und humusarmer Boden
- verträgt Trockenheit und Hitze
- Vogelschutz- und -nährgehölz
- Rhizomsperre anbringen
- männliches und weibliches Exemplar setzen

Mein Tipp → Eine Rhizomsperre dämmt seine Wanderlust erfolgreich ein. Sie sollte einen Durchmesser von mindestens 1,50 m haben und etwa 2 cm aus der Erde ragen. Ein Rückschnitt im Spätwinter verhindert bei freiwachsenden Exemplaren ein Verkahlen der Krone.

Ideale Partner → Schmetterlingsflieder (*Buddleja*), Rosmarin (*Salvia rosmarinus*, Syn. *Rosmarinus officinalis*), Thymian (*Thymus*), Immergrün (*Vinca*).

Gute Sorten → Weibliche Sorten: 'Dorana', schwachwüchsig, verträgt keinen Rückschnitt. 'Askola', ertragreich. 'Habego' und 'Leikora', ertragreich, für Floristik. 'Sirola', frühreif, wohlschmeckend vom Strauch. Männliche Bestäubersorte: 'Pollmix'.

FEUERDORN

Pyracantha

Der Feuerdorn ist in Südeuropa und Asien beheimatet und wird für sein immergrünes Kleid und die lebhaft gefärbten Beeren geliebt. Seine Dornen halten Einbrecher ab und sorgen dafür, dass Vögel unbehelligt brüten dürfen. Der genügsame, kalktolerante Strauch wächst in jedem durchlässigen Boden und ist absolut trockenheitsverträglich. Nur kalte, austrocknende Winde schätzt er weniger. Seine weißen oder cremefarbenen Schirmrispen erinnern an Weißdornblüten und öffnen sich ab dem späten Frühling. Später im Jahr bilden sich aus ihnen gelbe, orangefarbene oder rote Früchte, die über viele Wochen schwer und zahlreich am Strauch hängen. Während seine Blüten im Mai und Juni die Insekten erfreuen, tun sich im Herbst nach den ersten Frösten die Vögel an den Beeren gütlich. Feuerdorn eignet sich nicht nur für Hecken und Naturgärten, sondern auch als Solitär.

Mein Tipp → Sehr lohnend ist es, den schnittverträglichen Strauch dekorativ an einer Wand zu ziehen: Ob Formspalier, dichter Teppich oder originelle Formen – alles ist möglich. Nur gute Handschuhe sollte man dabei tragen!

Ideale Partner → Blasenspiere (*Physocarpus opulifolius*), Apfelbeere (*Aronia arbutifolia*), Schönfrucht (*Callicarpa*), Wildrosen.

Gute Sorten → 'Orange Charmer', orangefarbene Früchte, reichtragend. 'Red Column', rote Früchte, aufrechter Wuchs. 'Soleil d'Or', goldgelbe Früchte. 'Teton', gelborangefarbene Früchte, kompakt, eine der besten Sorten für Hecken. Alle genannten Sorten sind schorfresistent.

ZAHLEN & FAKTEN

- bis 3 m hoch und breit
- weiße oder cremefarbene Blüten im Mai und Juni
- gelbe, orangefarbene oder rote Früchte
- sonniger oder halbschattiger Standort
- windgeschützter Platz
- auf allen durchlässigen Böden
- verträgt Trockenheit und Hitze
- Insektenmagnet
- Vogelschutz- und -nährgehölz
- geeignet für Kübel

BEREIFTE ROSE

Rosa glauca

Eine der zauberhaftesten Wildrosen, die überwiegend des attraktiven Laubes wegen gepflanzt wird, ist die in Süddeutschland heimische Bereifte Rose mit ihren eleganten, bogig überhängenden Trieben. Diese sind bläulich bereift und nicht allzu sehr mit Stacheln versehen. Das kupferviolette, bereifte Laub und die dunkelrosafarbenen, einfachen, duftenden Blüten heben sich schön von den rotvioletten Stielen ab. Im Herbst schmückt sich diese Rose mit kugelförmigen, roten Hagebutten und gelbem bis orangerotem Laub. Insekten lieben die Blüten, Vögel die Früchte – der Strauch ist eine Bereicherung auf der ganzen Linie! Ihre Herkunft – man findet sie für gewöhnlich an trockenen Gehölzrändern und Schotterflächen – prädestiniert sie für den pflegeleichten Garten ohne Gießen. Wie viele Wildrosen passt sie in Hecken, Naturgärten und Böschungen, ist aber auch in gemischten Rabatten ein Hingucker.

ZAHLEN & FAKTEN

- bis 3 m hoch und breit
- einfache, dunkelrosa Blüten mit weißer Mitte im Juni und Juli
- rote, kugelförmige Hagebutten
- gelbes bis orangerotes Herbstlaub
- sonniger oder halbschattiger Standort
- auf allen durchlässigen Böden
- verträgt Trockenheit, Wind und Hitze
- Insektenmagnet
- Vogelschutz- und -nährgehölz

Mein Tipp → Außerhalb der Hecke ist der vasenförmige Habitus ein gelungener Blickfang im Kiesgarten oder Gräserbeet. Wenn man die Blätter im unteren Drittel entfernt, lässt sich die Rose leicht unterpflanzen.

Ideale Partner → Flügelspindelstrauch (*Euonymus alatus*), Montbretie (*Crocosmia*), Chinaschilf (*Miscanthus sinensis*), Fackellilie (*Kniphofia*), Schafgarbe (*Achillea millefolium* 'Fanal'), Fingerhut (*Digitalis purpurea*), Geißblatt (*Lonicera*), Perückenstrauch (*Cotinus*).

KARTOFFEL-ROSE

Rosa rugosa

Ich fürchte, dass herkömmliche Namen manchen davon abhalten, sich gewisse Pflanzen in den Garten zu holen. Ehrlich, wer will schon eine Kartoffel-Rose? Da entgeht einem aber etwas, denn die Kartoffel-Rose zählt zu den herrlichsten Wildrosen, die es gibt! Der Duft ihrer schalenförmigen Blüten zählt zu den verführerischsten in der Welt der Rosen und weckt in mir stets den Wunsch, eine Hummel oder Biene zu sein. Insekten baden nämlich mit Gusto in den einladenden, goldgelben Staubfäden, und wenn sie davonfliegen, sind sie ganz wackelig vor Begeisterung! Es gibt sie in Weiß, Rosa und Purpur. Schon während der Blüte entstehen prachtvolle Hagebutten, ein beliebter Wintersnack für Vögel und ein Augenschmaus in der grauen Jahreszeit. Prima für Hecken, Böschungen und Naturgärten.

Mein Tipp → Die Wildform bildet durch Ausläufer schnell Dickichte und eignet sich für Wildhecken und Naturgärten. Wesentlich zahmer sind die Sorten, die guten Gewissens in gemischte Rabatten gesetzt werden dürfen. Einfachblühende Sorten vorziehen, da sie für Insekten interessanter sind.

Ideale Partner → Große Fetthenne (*Hylotelephium*), Weinrebe (*Vitis vinifera* 'Purpurea'), Perückenstrauch (*Cotinus* 'Grace'), Berberitze (*Berberis*), Waldrebe (*Clematis integrifolia*, *C. recta*).

Gute Sorten → 'Alba', weiße, einfache Blüten. 'Scabrosa' und 'Dagmar Hastrup', zartrosa Blüten, beide bewährte Sorten. 'Carmen', samtrote Blüten. 'Roseraie de l'Haÿ', große, karminrosa Blüten, tolle Herbstfärbung.

ZAHLEN & FAKTEN

- bis 1,50 m hoch und breit
- weiße, rosa oder purpurne, duftende Blüten von Juni bis Oktober
- scharlachrote, flachkugelige Hagebutten, die erste Wahl fürs „Hägenmark"
- leuchtendes, gelborangefarbenes Herbstlaub
- sonniger Standort
- auf allen durchlässigen, selbst sandigen Böden
- verträgt Trockenheit und Hitze

SCHWARZER HOLUNDER

Sambucus nigra 'Black Lace'

Diese edle, exotisch anmutende Sorte ist die Greta Garbo unter den Holundersorten. Im Frühling heben sich die rosa Knospen und nach Zitrone duftenden, weißen Blütendolden apart vom geschlitzten, filigranen und dunkelroten Laub ab. An den Blüten laben sich Bienen, Hummeln und andere Insekten – und wir Menschen, wenn wir köstlichen Holunderblütensekt oder -sirup und Pfannkuchen daraus bereiten! Ab September darf man dann die feinen Früchte für Saft und Marmelade ernten, wobei ein Teil für die Vögel am Strauch bleiben sollte. Holunder sind sehr frosthart, anpassungsfähig und ideal für das Stadtklima. Naturstandorte beweisen, dass er nicht zimperlich ist, was uns in Zeiten des Klimawandels nur recht sein kann. Er passt in Waldgärten und Hecken und macht auch als Solitär eine gute Figur.

ZAHLEN & FAKTEN

- bis 6 m hoch und breit
- nach Zitronen duftende Blüten im Mai und Juni
- essbare, purpurschwarze Beeren, die sich zu Marmelade und Saft verarbeiten lassen (nicht roh essen!)
- sonniger oder halbschattiger Standort
- gedeiht in allen einigermaßen nahrhaften, durchlässigen Böden
- verträgt Trockenheit und Hitze
- Insektenmagnet
- Vogelnährgehölz

Mein Tipp → Wenn man alle drei Jahre bei erwachsenen Exemplaren einige der ältesten Triebe entfernt, entwickeln sich Laub und Blüten besonders eindrücklich.

Ideale Partner → *Rosa* 'De Resht', *R. × francofurtana*, Fingerhut (*Digitalis purpurea*), Fächer-Ahorn (*Acer palmatum*), Berberitze (*Berberis × ottawensis* fo. *purpurea*), Schneeball-Blasenspiere (*Physocarpus opulifolius*).

Gute Sorten → 'Aurea', bis 6 m hoch, goldgelbes Laub und rosa Blattstiele. 'Aureomarginata', gelb gerandetes Laub. 'Guincho Purple', purpurfarbene Herbstfärbung.

WOLLIGER SCHNEEBALL

Viburnum lantana

Anders als die meisten Schneebälle kommt diese Art bald nach dem Pflanzen gut mit Trockenheit zurecht. In seiner Jugend legt er einen flotten Zahn vor, wächst im Alter dann weniger schnell. Diese Eigenschaft kommt einem zugute, wenn man in kurzer Zeit einen effektiven Sichtschutz schaffen möchte. Der heimische Strauch bildet im Mai streng duftende, weiße Blütenschirme, die von Bienen, Schwebfliegen und Schmetterlingen bestäubt werden. Die darauffolgenden Früchte bleiben bis in den Winter hängen und sind beliebt bei Vögeln und kleinen Säugetieren. Sie sind erst rot, später schwarz, und da nicht alle gleichzeitig reifen, genießen wir ein besonders schönes Farbspiel. Ideal für Waldgärten, den Gehölzrand, für Gruppenpflanzungen und als Solitär.

Mein Tipp → Wegen des leicht unangenehmen Dufts sollte der Wollige Schneeball nicht in Terrassennähe gesetzt werden. Aufgrund seines dichten Wurzelwerks ist er eine gute Wahl für die Befestigung von Böschungen. Wird der Strauch zu dicht, einfach bodennah einige alte Triebe herausschneiden.

Ideale Partner → Dichter-Narzisse (*Narcissus poeticus*), Herbstzeitlose (*Colchicum*), Lungenkraut (*Pulmonaria*), Wildrosen, Pfaffenhütchen (*Euonymus*).

Gute Sorten → 'Aureum', bis 5 m hoch, gelber Neuaustrieb, später gelbgrünes Laub. 'Variegatum', bis 2 m hoch, grün-gelb panaschiertes Laub. 'Mohican', bis 2,50 m hoch, kompakt und reichblühend.

ZAHLEN & FAKTEN

- bis 5 m hoch und 4 m breit
- streng duftende, weiße Schirmrispen im Mai
- gelbe bis rote Herbstfärbung
- ab Sommer leuchtend rote, bei Vollreife schwarze Beeren
- sonniger oder halbschattiger Standort
- auf allen trockenen bis frischen, auch armen und kalkhaltigen Böden
- verträgt Trockenheit und Hitze
- Vogelschutz- und -nährgehölz

#machsnachhaltig

Eine lebendige Hecke pflanzen

Lebendig oder (fast) tot – das ist doch eigentlich keine Frage, oder? Manchmal stelle ich mir vor, ich bin eine Biene oder Amsel und fliege durch die Vorgärten. Ich bin auf Futtersuche oder möchte mich irgendwo niederlassen, um meine Kleinen aufzuziehen. Auweia, da bietet sich doch vielerorts ein trauriges Bild! Streng gestutzte, langweilig grüne Koniferen-, Kirschlorbeer- oder Buchshecken umgeben ähnlich fantasie- und leblose Anlagen. In solchen Hecken lassen sich Tiere wirklich nur im Notfall nieder, denn auch wenn man darin ein Nest bauen kann, so gibt es weit und breit nichts zu fressen.

Wie abwechslungsreich und lebendig ist eine gemischte Hecke, die uns am Zauber der Jahreszeiten teilhaben lässt! Je artenreicher diese Hecke ist, umso wertvoller ist ihr Beitrag für die Natur. Pollen und Nektar versorgen hungrige Insekten, Früchte halten Vögel und Kleinsäugetiere bei Laune.

Bei genügend Platz bietet sich eine frei wachsende Hecke an. Sie entfaltet sich auf natürliche Weise und wird nur ab und zu ausgelichtet und leicht zurückgeschnitten. Ein formaler Schnitt wie die übliche „Kastenform" kommt vielleicht dem Ordnungsempfinden, aber nicht dem natürlichen Habitus der meisten Gehölze entgegen. Sträucher wie Liguster und Berberitze lassen sich in ein Korsett zwängen, aber bei baumartig wachsenden Gehölzen wie Zier-Apfel, Weißdorn und Felsenbirne wirkt dieser Schnitt wenig harmonisch. Sie bezaubern nur, wenn sie sich ungezähmt entfalten dürfen.

Wenn man formale Elemente mag und trotzdem etwas für die Artenvielfalt tun möchte, dann lassen sich schnittverträgliche, immergrüne Gehölze

Baumartig wachsende Gehölze sehen besser aus, wenn sie sich im Rahmen einer Hecke frei entfalten dürfen.

1 Felsenbirne (*Amelanchier lamarckii*)
2 Blutroter Hartriegel (*Cornus sanguinea*)
3 Thunbergs Berberitze (*Berberis thunbergii*)
4 Flügel-Spindelstrauch (*Euonymus alatus*)
5 Gewöhnliche Berberitze (*Berberis vulgaris*)
6 Gewöhnliches Pfaffenhütchen (*Euonymus europaeus*)
7 Kartoffel-Rose (*Rosa rugosa* 'Scabrosa')
8 Bereifte Rose (*Rosa glauca*)
9 Feuerdorn (*Pyracantha* 'Teton')
10 Gold-Johannisbeere (*Ribes aureum*)
11 Kartoffel-Rose (*Rosa rugosa* 'Alba')

in die Hecke integrieren. Die „Baumartigen" streut man sparsam als Highlights ein, lässt sie gewähren, und schneidet die untere Etage in eine lockere, organische Form wie Wellen oder Wolken.

Planen ...

Bevor es ans Werk geht, notiert man sich die Lieblingsgehölze und deren Endgröße. Den Pflanzabstand ermitteln wir ganz einfach, indem wir die Breite von Strauch A mit der Breite von Strauch B addieren und durch zwei teilen.

Tipp → Vor dem Pflanzen zwei Schnüre im Abstand der Endbreite der Hecke spannen und danach die Pflanzen innerhalb dieser „Schablone" verteilen. Die Mindestbreite für eine freiwachsende Hecke liegt bei 2–3 m. Ist das Grundstück zu klein, wählt man schnittverträgliche, kompakte Arten und Sorten von Berberitze (*Berberis*), Flügelspindel-Strauch (*Euonymus alatus*), Stechpalme (*Ilex*), Hasel (*Corylus*) und Kartoffel-Rose (*Rosa rugosa*). Im Gegensatz zu einer formalen Hecke wirkt eine lockere Vogel- und Insektenhecke natürlicher, wenn die Sträucher leicht versetzt und nicht in Reih und Glied angeordnet werden.

... und pflanzen

Gepflanzt wird im Herbst – möglichst wurzelnackte Ware. Sie ist billiger und umweltfreundlicher, da keine Plastiktöpfe anfallen, und wächst besser an. Der Aufwand beim Pflanzen ist geringer, denn es müssen keine großen Löcher ausgehoben werden.

So geht's:

1. **Beet möglichst zwei Monate vor der Pflanzung vorbereiten: Spanne zwei Schnüre in der Endbreite der Hecke.**
2. **Trage die Grasnarbe ab und kompostiere sie.**
3. **Mische Kompost unter die Erde.**
4. **Mit dem Spaten stichst du Schlitze und pflanzt die wurzelnackten Pflanzen locker versetzt.**
5. **Jetzt musst du nur noch festtreten, angießen und mulchen.**

Über die nächsten Monate bilden sich rasch Wurzeln und nur in den ersten Jahren gießt man in Trockenphasen. Wir dürfen uns an Blüten, Früchten, Herbstfarben und am Summen der Insekten und Zwitschern der Vögel erfreuen!

KLETTERKÜNSTLER

Kletterpflanzen an Fassaden gleichen Temperaturunterschiede aus und schaffen lauschige, angenehm temperierte Rückzugsorte unter Laubengängen und Pergolen. Im Zuge schrumpfender Grundstücke bieten vertikale Flächen zusätzliche kreative Spielwiesen, auf denen wir Gärtner uns austoben dürfen.

Man gliedert ein- und mehrjährige „Himmelsstürmer" auf Basis ihrer Klettertechnik in vier Gruppen:

- Spreizklimmer wie Rosen und Winter-Jasmin (*Jasminum nudiflorum*) wandern mit ihren langen Trieben an Wänden hoch und halten sich mit Dornen, Stacheln und anderen „Widerhaken" fest.
- Rankpflanzen wie Waldreben (*Clematis*) und Weinreben (*Vitis*) arbeiten sich mit zarten Ranken empor.
- Schling- und Windepflanzen wie Prunkwinde (*Ipomoea*) und Japanischer Flügelknöterich (*Fallopia japonica*) winden ihre Triebe um das Klettergerüst.
- Haftwurzelkletterer wie Efeu (*Hedera*) und Wilder Wein (*Parthenocissus*) halten sich mit Saugnäpfen selbst an rauen Oberflächen fest.

Haftwurzelkletterer wie Wilder Wein (hier: Parthenocissus thomsonii) arbeiten sich mithilfe von Saugnäpfen an Wänden in die Höhe.

Immer- oder sommergrün?

Es gibt für jeden Platz passende, trockenheitsverträgliche Kletterpflanzen. Auf Terrassen und Balkonen bevorzugen manche der Abwechslung halber einjährige Gewächse oder eine schwachwüchsige Waldrebe, während man einen Carport, eine Pergola oder Hauswand lieber mit ausdauernden Vertretern begrünt.

Im Idealfall betrachtet man zuerst die vorhandenen Möglichkeiten, ehe man sich entscheidet. Man hat die Wahl zwischen immer- und sommergrünen Kletterpflanzen. Erstere sorgen für dauerhaftes Grün und werfen kein Laub ab. Letztere sorgen stets für neue Bilder und setzen duftende, blühende und herbstlich bunte Akzente im Jahreslauf. Im Winter schaut man allerdings auf die Rankgerüste. Vielleicht hast du ja Platz für beides?

Lieber vorsehen als nachsehen

Als „Schnittmuffel" sollte man keine zu wüchsigen Exemplare auswählen, die einen zigmal im Jahr auf die Leiter treiben. So habe ich zu Anfang meiner Gartenkarriere so manche Ramblerrose losgelassen und es hinterher bereut. Wenn man diese nicht regelmäßig im Zaum hält, entsteht im Nu ein Gestrüpp mit viel Totholz, dessen Anblick keine Freude mehr ist. Heute setze ich lieber auf zahmere Kletterrosen, deren Rückschnitt zwar auch aufwendig und mitunter schmerzhaft, aber im Vergleich zu jenem der Rambler ein Plausch ist. An unserer Hauswand habe ich etliche wuchsfreudige Kletterer kombiniert, die miteinander konkurrieren und sich so gegenseitig in Schach halten. Eine etwas unorthodoxe Methode zur Einschränkung der Wüchsigkeit, aber sie funktioniert!

Anders sieht es aus, wenn man große Flächen begrünen möchte – da sind wüchsige, flächig wachsende Kletterer wie Efeu, Wilder Wein und Berg-Waldrebe unschlagbar. Achtung: Eine Hausfassade sollte nur mit Efeu oder anderen Haftwurzelkletterern begrünt werden, wenn sie baulich in Ordnung ist und keine Risse aufweist.

Geeignete Kletterhilfen

Alle außer Haftwurzelkletterer sind auf ein geeignetes Rankgerüst angewiesen. An Mauern und Wänden ist ein dauerhaftes System mit Drähten am besten. Geißblatt (*Lonicera*), Kletterrosen (*Rosa*) und Waldrebe (*Clematis*) machen Pavillons und Pergolen zu paradiesischen Aufenthaltsorten. Zum Begrünen eignen sich auch Torbögen, Säulen und Obeliske. Weniger wüchsige Vertreter kann man auch in Gehölze klettern lassen.

Egal, für welche Begrünung man sich entscheidet: Türen, Fenster, Regenrinnen, Balkone und Dächer müssen ein- bis zweimal jährlich freigeschnitten werden. Ein kleiner Aufwand für viel Nutzen, denn abgesehen von einem schönen Anblick bietet man zahlreichen Tieren ein Zuhause und Nahrung.

Kletterrosen brauchen ein stabiles Rankgerüst. Für die Hauswand empfehlen sich schwachwüchsige Sorten.

DIE BESTEN: KLETTERPFLANZEN

FINGERBLÄTTRIGE AKEBIE

Akebia quinata

Im Englischen heißt diese reizende, wärmebedürftige Kletterpflanze „chocolate vine“, Schokoladenwein, aber es ist garantiert ein kalorienfreier Genuss! In ihrer Heimat in Asien erobert die Akebie Wälder auf Hügeln und in Gebirgen und erreicht Höhen von 10 m. Im Mai erscheinen zahlreiche schokoladen-purpurfarbene, süß duftende Blüten, aus denen sich später gurkenförmige, purpur- oder hellviolette, essbare Früchte entwickeln. Das äußerst zierende Laub setzt sich aus jeweils fünf handförmigen Einzelblättern zusammen. Ideal für eine große Pergola oder die Hauswand. Sie lässt sich auch einem ausgewachsenen Baum zur Seite stellen.

ZAHLEN & FAKTEN

- bis 10 m hoch
- Schling- und Windepflanze (benötigt Kletterhilfe)
- schokoladen-purpurfarbene, duftende Blüten im Mai
- violette, gurkenförmige, essbare Früchte
- geschützter, sonniger oder halbschattiger Standort
- bevorzugt nahrhafte, lehmige Böden, ist aber anpassungsfähig
- verträgt Trockenheit und Hitze

Mein Tipp → Die Akebia sollte nur mit wüchsigen Kletterrosen kombiniert werden. Sie lässt sich leicht im Sommer über halbverholzte Stecklinge oder über Absenker vermehren. Sie ist sehr schnittverträglich und somit gut zu kontrollieren. Das Kappen einzelner Haupttriebe beugt Verkahlen vor.

Ideale Partner → Gewöhnlicher Hopfen (*Humulus lupulus* 'Aureus'), Geißblatt (*Lonicera*), Großblumige Waldrebe (*Clematis macropetala*), Berg-Waldrebe (*C. montana*).

Gute Sorten → 'Alba', weiße Blüten und grünweiße Früchte. 'Rosea', lavendel- oder rosafarbene Blüten. 'Variegata', rosa Blüten, grün-weiß panaschiertes Laub. Alle Sorten sind etwas weniger wüchsig als die Art.

TROMPETENBLUME

Campsis radicans

Trompetenblumen versprühen mit ihren üppigen, roten oder gelben, bei Insekten beliebten Blüten über viele Monate tropischen Charme. Die pflegeleichte, dankbare und absolut trockenheitstolerante Kletterpflanze erobert mit ihren Luftwurzeln Mauern, Zäune, Pfähle und Bäume. Sie ist wärmebedürftig und braucht einen geschützten und sonnigen Platz. Ein weiterer Bonus ist das hübsche, gefiederte Laub, das sich im Herbst gelb färbt. Trompetenblumen lassen sich auch in großen Kübeln kultivieren und bleiben bei regelmäßigem Schnitt kompakt. Im Topf braucht sie allerdings eine Rankhilfe und gute Nährstoffversorgung.

Mein Tipp → Trompetenblumen blühen an neuen Trieben, deshalb schneidet man die letztjährigen zwischen Ende Februar und Mitte März auf zwei Knospenpaare zurück. Frisch gepflanzte Exemplare profitieren in den ersten Jahren von einem Winterschutz. Sie schätzen eine organische Mulchschicht.

Ideale Partner → Weinrebe (*Vitis vinifera* 'Purpurea', *Vitis* 'Brant'), Italienische Waldrebe (*Clematis viticella*), Efeu (*Hedera helix* 'Buttercup'), Trompetenbaum (*Catalpa bignonioides* 'Aurea'), Jungfernrebe (*Parthenocissus tricuspidata*, *P. quinquefolia*).

Gute Sorten → 'Stromboli', bis 10 m hoch, rote Blüten. 'Flava', bis 8 m hoch, gelbe Blüten. 'Mme. Galen', bis 6 m hoch, orangerote Blüten. 'Flamenco', bis 10 m hoch, besonders groß- und reichblütig, robust. 'Indian Summer', bis 6 m hoch, orangefarbene Blüten.

ZAHLEN & FAKTEN

- bis 10 m hoch
- Schling- und Windepflanze, auch Haftwurzeln bildend (benötigt Kletterhilfe)
- gelbe, orangefarbene oder rote Blüten von Juni bis Oktober
- gelbe Herbstfärbung
- dekorative Samenschoten
- geschützter, vollsonniger Standort
- mag alle normalen, kultivierten und nahrhaften Böden
- verträgt Trockenheit und Hitze

WALDREBE

Clematis tangutica 'My Angel'

In der Gattung der Waldreben gibt es Bodendecker, kleine Kletterpflanzen und Gipfelstürmer, die problemlos große Flächen und Bäume erobern. Die Blüten vieler Sorten stehen hoch im Kurs bei Insekten und erfreuen uns im Winterhalbjahr mit ihren attraktiven Samenständen. *C. tangutica* kommt in der Mongolei und Nordwestchina vor, was auf ein robustes Wesen hindeutet. Mit einer Wuchshöhe von 3 m lässt sich diese Sorte problemlos im Zaum halten. Ideal zum Begrünen von Wänden, Pergolen oder zum Beranken kleinerer Ziergehölze, aus denen sich den Sommer über grazile Triebe mit entzückenden orangegelben Glöckchen ergießen, die außen mit einem Hauch von Purpur überzogen sind und viele Insekten anlocken. Die wuscheligen, silbrigen Samenstände ab dem Herbst wirken so dekorativ wie die Blüten.

ZAHLEN & FAKTEN

- bis 3 m hoch
- Rankpflanze (benötigt Kletterhilfe)
- kleine, glockenförmige, orangegelbe Glockenblüten von Juni bis September
- dekorative Samenstände
- sonniger oder halbschattiger Standort
- gedeiht in humosen, durchlässigen Böden
- Wurzelbereich immer gut mulchen
- alljährlicher Rückschnitt auf 30–50 cm im Spätwinter oder zeitigen Frühjahr

Mein Tipp → Waldreben entwickeln sich schnell zu einem undurchdringlichen Gestrüpp, deshalb zahlt es sich aus, wenn man anfangs die Triebe diszipliniert in die gewünschte Richtung lenkt.

Ideale Partner → Perückenstrauch (*Cotinus coggygria*), Felsenbirne (*Amelanchier*), Thunbergs Berberitze (*Berberis thunbergii*), Säckelblume (*Ceanothus × delileanus* 'Gloire de Versailles'), Zier-Apfel (zum Beispiel *Malus* 'Butterball', 'Evereste'), Prunkwinde (*Ipomoea*).

Gute Sorten → 'Lambton Park', bis 4 m hoch, gelb, besonders große Blüten, leichter Kokosduft. 'Anita', bis 4 m hoch, weiße Blüten.

KLETTER-HORTENSIE

Hydrangea anomala subsp. petiolaris

Wenn die Kletter-Hortensie sich nach einigen Jahren eingelebt hat und loslegt, dann gibt's kein Halten mehr! Eine prachtvolle Pflanze zum Begrünen einer großen Wand, die aber auch sehr gern in stattliche Bäume klettert und da ganz besonders eindrücklich aussieht. Im Sommer öffnen sich weiße, süßlich duftende Schirmrispen, die Bienen, Hummeln und andere Insekten anlocken. Wie bei anderen Hortensien sind sie später im getrockneten Zustand ebenfalls zierend. Obwohl sie ursprünglich aus dem Wald kommt, ist diese Hortensie äußerst anpassungsfähig und wächst auch an trockenen Orten in der Sonne. Einmal eingewachsen verträgt sie den Wurzeldruck großer Bäume und ist hart im Nehmen.

Mein Tipp → Die Kletter-Hortensie ist ein fantastischer Bodendecker, zum Beispiel für einen absonnig gelegenen Hang. Freistehend entwickelt sie sich zu einem dichten Strauch von etwa 1,50 m Höhe. Die Sorten sind weniger wüchsig und eignen sich für kleine Gärten. Bis zur ersten Blüte muss man sich bis zu fünf Jahre gedulden. Eine dicke Mulchschicht im Frühjahr hält den Wurzelbereich feucht.

Ideale Partner → Eichenblättrige Hortensie (*H. quercifolia*), Garten-Flieder (*Syringa vulgaris*), Berg-Waldrebe (*Clematis montana*), Alpen-Waldrebe (*C. alpina*), Großblumige Waldrebe (*C. macropetala*), Farne.

Gute Sorten → 'Miranda', bis 3 m hoch, gelb panaschiertes Laub. 'Cordifolia', bis 3 m hoch, herzförmiges Laub. 'Silver Lining', bis 2 m, gut für große Kübel.

ZAHLEN & FAKTEN

- bis 15 m hoch
- Haftwurzelkletterer (junge Pflanzen profitieren von einer Rankhilfe)
- weiße, duftende Schirmrispen im Juni und Juli
- zierende Samenstände
- gelbe Herbstfärbung
- sonniger bis schattiger Standort
- mag lockere, gut durchlässige, nahrhafte, saure bis neutrale Böden
- verträgt Schatten und Wurzeldruck

WINTER-JASMIN

Jasminum nudiflorum

Leuchten einem an trüben Januartagen gelbe Blüten entgegen, so handelt es sich meist um die gelben Sternchen des Winter-Jasmins. Das grazile Gewächs aus China ist den Rest des Jahres zwar eher unscheinbar, aber im Winter verbreitet es über Monate gute Laune und versorgt dabei frühaktive Insekten wie Hummeln und Holzbienen mit Nahrung. Anspruchslos und trockenheitsverträglich ist der Spreizklimmer ideal für die Befestigung von Böschungen oder als Bodendecker, da seine Triebe bei Bodenberührung wurzeln und so munter weiterwandern.

Mein Tipp → Am schönsten finde ich den Winter-Jasmin auf einer Mauerkrone, wenn sich seine überhängenden Triebe wie ein Wasserfall ausbreiten dürfen. Er lässt sich mit Schnitt auch eng anliegend an einer Wand hochziehen und ist so auch im Winter ein Hingucker! Wenn man ihn horizontal an einer niedrigen Mauer oder als freistehenden Strauch zieht, lässt er sich charmant mit kleinen, frühblühenden Zwiebelblumen unterpflanzen. Zum Vermehren einfach bewurzelte Triebe abtrennen und eintopfen.

Ideale Partner → Lenzrose (*Helleborus × hybridus*), Feuerdorn (*Pyracantha*), Netzblatt-Iris (*Iris reticulata*), Schneeglöckchen (*Galanthus*), frühblühende Narzissen (zum Beispiel *Narcissus* 'Tête-à-tête'), Traubenhyazinthe (*Muscari*), Krokus (*Crocus*), Zierquitte (*Chaenomeles*), Immergrün (*Vinca*).

ZAHLEN & FAKTEN

- bis 3 m hoch und breit
- Spreizklimmer (benötigt Kletterhilfe)
- primelgelbe Blüten je nach Witterung von Dezember bis April
- malerische, überhängende Triebe
- sonniger bis halbschattiger Standort
- anpassungsfähig, gedeiht auf allen kultivierten, auch armen und trockenen Böden
- verträgt Trockenheit und Hitze
- wächst auch in großen Kübeln
- Insektenmagnet

GEIẞBLATT

Lonicera spec.

Mein Tipp → Das Geißblatt verträgt zwar volle Sonne, ist als Waldbewohner im Halbschatten aber besser aufgehoben und dort auch weniger anfällig für Läuse. Da sich kletternde Arten schnell in ein Dornröschengestrüpp verwandeln, tut man gut daran, sie jeweils nach der Blüte ein wenig zurückzuschneiden.

Ideale Partner → Kletterrosen (*Rosa* spec.), Italienische Waldrebe (*Clematis viticella*), Perückenstrauch (*Cotinus*), Pfeifenstrauch (*Philadelphus*), Türkenbund-Lilie (*Lilium martagon*).

Gute Sorten → *Lonicera periclymenum*, bis 7 m hoch: 'Belgica', rot gestreifte, erst weiße, später gelbe Blüten. 'Serotina', rotpurpurn gestreifte, weiße Blüten. *L.* × *heckrottii*, bis 5 m hoch, rosa-gelbe Blüten. *L. henryi*, bis 10 m hoch, immergrün, sehr wüchsig, kleine purpurrote Blüten mit gelbem Schlund. *L.* × *tellmanniana*, bis 5 m hoch, kupferorangefarbene Blüten.

Die Geißblatt-Familie beinhaltet neben Sträuchern einige Kletterer, von denen mindestens einer den eigenen Garten zieren sollte. Sie sind äußerst anspruchslos und überstehen sommerliche Trockenphasen problemlos, wenn sie einmal eingewachsen sind. Viele schmücken sich mit lieblichen, filigranen und verführerisch duftenden Blüten, die Insekten in einen wahren Freudentaumel versetzen. Aufgrund ihrer leicht wilden, ungezähmten Erscheinung passen sie in naturnahe Gärten, wo sie sich galant über Zäune, Bäume, Pergolen und Mauern drapieren. Das Geißblatt ist ein Traumpartner für Rosen!

ZAHLEN & FAKTEN

- bis 10 m hoch
- Schling- und Windepflanze (benötigt Kletterhilfe)
- gelbe, orangefarbene, rosa-gelbe oder purpurrote Blüten, je nach Art oder Sorte von Mai bis August
- dekorative rote oder schwarze Früchte
- sonniger oder halbschattiger Standort
- anpassungsfähig, wächst auf allen kultivierten, durchlässigen Böden
- verträgt Trockenheit und Hitze
- Insektenmagnet

WILDER WEIN

Parthenocissus

Hast du etwas Unschönes zu verbergen? Dann kommt der Wilde Wein dir gern zur Hilfe und macht dabei noch etwas Prachtvolles daraus! Schön, wenn man dabei etwas zur Artenvielfalt beiträgt, denn Vögel, Insekten und Eidechsen nisten in seinem Schutz, die Blüten sind eine beliebte Nektarquelle für Bienen und das Laub kommt dem Weinschwärmer zugute. Im Herbst färbt sich das Laub rot, gelb und orange, sodass man meint, das Haus stehe in Flammen. Neben Hauswänden eignen sich wirklich alle möglichen anderen Strukturen und auch ausgewachsene Bäume mit kontrastierender Herbstfärbung in Gelb – einfach ausprobieren! Übrigens: Die winzigen Saugnäpfe des Wilden Weins sind keine Gefahr für das Mauerwerk und lassen sich leicht ablösen.

ZAHLEN & FAKTEN

- bis 20 m hoch
- Haftwurzelkletterer
- unscheinbare, bienenfreundliche Blüten von Juni bis August
- hübsche, kugelige, blauschwarze Früchte
- prächtige Herbstfärbung
- sonniger oder halbschattiger Standort
- wächst auf allen durchlässigen Böden
- verträgt Trockenheit und Hitze
- Insektenmagnet
- Vogelnähr- und -schutzgehölz

Mein Tipp → Alle Arten entwickeln die beste Herbstfärbung an sonnigen Plätzen. Einmal pro Jahr sollte man dem Wilden Wein an der Hauswand mit der Schere zu Leibe rücken. Tut man dies im Spätwinter oder zeitigen Frühjahr, dämmt das seine Wuchsfreude etwas ein.

Ideale Partner → Feuerdorn (*Pyracantha*), Zwergmispel (*Cotoneaster*), Waldrebe (*Clematis tangutica*, *C. orientalis*, *C. vitalba*), Robinie (*Robinia pseudoacacia* 'Frisia'), Efeu (*Hedera*).

Gute Sorten → *P. quinquefolia*, bis 15 m hoch, gefingertes Laub. *P. tricuspidata*, bis 20 m hoch, dreilappiges Laub, 'Veitchii' färbt sich dunkelpurpurrot. *P. henryana*, bis 10 m hoch, silbrig geadertes Laub, scharlachrote Herbstfärbung, für milde Lagen.

BLAUE PASSIONSBLUME

Passiflora caerulea

Mein Tipp → Bei empfindlicheren Pflanzen sind eine Frühjahrspflanzung sowie ein guter Winterschutz in den ersten Jahren empfehlenswert. Die Passionsblume braucht viel Licht und Wärme für die Blütenbildung.

Ideale Partner → Karwinskis Berufkraut (*Erigeron karvinskianus*), Lavendel (*Lavandula*), Salbei (*Salvia microphylla, S. officinalis*), Federgras (*Nasella tenuissima*), Zistrose (*Cistus*), Lampenputzergras (*Pennisetum alopecuroides*), Kletterrosen (zum Beispiel *Rosa* 'Guirlande d'amour', 'Guirlande rose'), Chinaschilf (*Miscanthus sinensis*).

Gute Sorten → 'Constance Elliot', duftende, weiße Blüten. 'Grandiflora', besonders große Blüten. Noch mehr Kälte verträgt die Winterharte Passionsblume (*P. incarnata*), bis 2 m hoch, mit duftenden, blassvioletten Blüten.

Ein Vorteil des Klimawandels ist die Tatsache, dass wir wärmebedürftigen Gewächsen ein Zuhause geben dürfen. Etwa der Passionsblume, die seither in milden Lagen und Stadtgärten florierte. Ich habe meine an einer Südwand, wo sie sich pudelwohl fühlt und vom Herbstlaub des Wilden Weins profitiert, das ihren Wurzelstock in ein warmes Mäntelchen hüllt. Die enorme Wichtigkeit eines solchen lokalen oder auch regionalen Kleinklimas kann man gar nicht genug betonen! Vom Sommer bis in den Herbst bilden sich ununterbrochen exotisch anmutende, weiße, große Blüten. Ideal für die Hauswand oder Pergola, wo man im Sommer vom Süden träumt.

ZAHLEN & FAKTEN

- bis 10 m hoch
- Rankpflanze (benötigt Kletterhilfe)
- exotische, schüsselförmige, weiße Blüten von Juni bis Oktober
- eiförmige, orangegelbe Früchte
- geschützter, sonniger bis halbschattiger Standort
- mäßig fruchtbare, durchlässige Böden
- verträgt Trockenheit und Hitze
- Insektenmagnet

KLETTERROSE

Rosa 'Guirlande rose'

Mittlerweile gibt es dank unermüdlicher Züchtertätigkeit etliche schöne Kletterrosen, die remontieren, für Insekten attraktiv und nicht zu wüchsig sind. Zu meinen Lieblingen zählen die Kreationen des Belgiers Louis Lens, die den Charme der Moschata-Rosen versprühen, gesund sind und über Monate blühen. Zu diesen zählt 'Guirlande rose' mit Büscheln rosafarbener, stark duftender und halbgefüllter Blüten mit goldenen Staubfäden. Den ganzen Sommer lang vernimmt man glückliches Summen und Brummen, und im Winterhalbjahr erfreuen die putzigen Hagebutten.

Mein Tipp → Unwiderstehlich mit Waldreben oder Geißblatt an einem Obelisken mit passendem Fußvolk.

Ideale Partner → Passionsblume (*Passiflora*), Waldrebe (*Clematis*), Spornblume (*Centranthus ruber*), Fingerhut (*Digitalis*), Zier-Lauch (*Allium*), Türkischer Mohn (*Papaver orientale*), Wald-Geißblatt (*Lonicera periclymenum*), Pfingstrose (*Paeonia lactiflora*), Königskerze (*Verbascum*), Storchschnabel (*Geranium*).

Gute insektenfreundliche Sorten → Remontierend: 'Guirlande d'amour', weiße, duftende Blüten. 'Hermann Schmidt', bis 3 m hoch, pinkfarbene, halbgefüllte und duftende Blüten. 'Perennial Blue', bis 5 m hoch, violettpurpurne, leicht duftende Blüten. 'Gardens of Hex', bis 4 m hoch, pinklila, duftende Blüten. Einmalblühend: 'Maria Lisa', bis 5 m hoch, pinkfarbene, duftende, einfache Blüten. 'Apple Blossom', bis 5 m hoch, duftende, zartrosa Blüten.

ZAHLEN & FAKTEN

- bis 3 m hoch
- Spreizklimmer (benötigt Kletterhilfe)
- kleine rosafarbene, stark duftende Blüten von Juni bis Oktober
- zierende, kleine Hagebutten
- sonniger oder halbschattiger Standort
- mag mäßig fruchtbare, humusreiche und durchlässige Böden
- verträgt Hitze, setzt bei anhaltender Trockenheit evtl. mit der Blüte aus
- Insektenmagnet
- Vogelnähr- und -schutzgehölz

BLAUREGEN
Wisteria

Mein Tipp → Da aus Samen gezogene Pflanzen meist weniger reich und erst nach vielen Jahren blühen, unbedingt vegetativ vermehrte Pflanzen von ausgesuchten Mutterpflanzen wählen! Ich ziehe meinen Blauregen als Hochstamm, was sehr schön aussieht und zudem unsere Dachrinnen schont. Fantastisch auch über eine Mauer „gelegt“!

Ideale Partner → Italienische Waldrebe (*Clematis viticella*), Berg-Waldrebe (*C. montana*), Flieder (*Syringa*), Säckelblume (*Ceanothus*), Zier-Lauch (*Allium*), Tulpen (*Tulipa*), Palisaden-Wolfsmilch (*Euphorbia characias*).

Gute Sorten → Japanischer Blauregen (*Wisteria floribunda*): ‘Multijuga’, bis zu 1 m lange, violette Blüten. ‘Rosea’, rosa Blüten. Chinesischer Blauregen (*W. sinensis*): ‘Alba’, weiße Blüten. ‘Prolific’, reichblühend, violette Blüten.

Alle Pflanzen erfüllen mich mit Bewunderung und Respekt, ganz besonders aber der Blauregen, dessen Kraft und Durchsetzungsvermögen seinesgleichen sucht. Ehe man sich versieht, erobert er Dachrinnen und ausgewachsene Bäume und nimmt sie genüsslich wie eine Boa constrictor in seinen Würgegriff. Spaß beiseite – der Blauregen zählt zu den begehrenswertesten Kletterpflanzen und betört mit seinen duftenden violetten, weißen oder rosa Blütentrauben im Frühsommer. Glücklich werden mit ihm jedoch nur wachsame Gärtner, die ihn zu kontrollieren wissen, denn auch eine reiche Blüte hängt vom richtigen Schnitt ab.

ZAHLEN & FAKTEN

- bis 10 m hoch
- Schling- und Windepflanze (benötigt Klettergerüst)
- duftende, weiße, rosa oder violette Blütentrauben im Mai und Juni
- dekorative, längliche, giftige Hülsen
- geschützter, sonniger oder halbschattiger Standort
- schätzt nährstoffreiche, lockere, durchlässige, saure bis neutrale Böden
- verträgt Trockenheit und Hitze

FEATURE

VERTIKALES GRÜN ALS KLIMAANLAGE

Das nachhaltige, trockenheitsverträgliche Begrünen von Mauern, Wänden, Zäunen und anderen vertikalen Flächen ist heute wichtiger denn je. Es ist ein wesentlicher Beitrag zum klimafreundlichen Bauen. Vertikales Grün bietet viele Vorteile:

- **platzsparend und luftreinigend**
- **senkt die Umgebungs- und Oberflächentemperatur**
- **Klimaanlagen müssen 30 % weniger arbeiten**
- **wandelt Kohlendioxid in Sauerstoff um**
- **absorbiert Geräusche und schafft mehr Ruhe**
- **erhöht Kreativität, Produktivität und Wohlbefinden**
- **sorgt für eine feuerhemmende Schicht**
- **schützt die Fassade vor Witterungseinflüssen**
- **absorbiert und reinigt Regenwasser und entlastet Abwassersysteme**
- **reduziert das Risiko von Überschwemmungen**
- **erhöht die Artenvielfalt**

Kletterpflanzen benötigen wenig Platz, denn sie streben in die Höhe. Vor allem in dicht bebauten, verkehrsreichen Gegenden bergen grüne Wände ein enormes Potenzial, denn Pflanzen sind nicht nur ein wunderbarer Lärmschutz, sie kühlen, isolieren und reinigen nebenbei die Luft. Eine effiziente Fassadenbegrünung verbessert den Wärmedämmwert und senkt die Umgebungs- und Oberflächentemperatur wesentlich. Während sich unbegrünte Fassaden im Sommer auf bis zu 60 °C erhitzen, gehen die Temperaturen bei begrünten nicht über 30 °C. Im Winter bleiben grüne Wände im Schnitt 5 °C wärmer. Klimaanlagen in begrünten Gebäuden müssen bis zu 30 % weniger leisten. Das bedeutet zwar nicht, dass man künftig Hausdach und -wände nicht mehr isolieren muss, dennoch leisten grüne Wände einen wichtigen ökonomischen und ökologischen Beitrag.

Beim Begrünen stimmt man die Kletterpflanzen auf Mauerwerk und Kletterhilfe ab. Diese Art der Begrünung lässt sich problemlos von Laien verwirklichen. Eine mit Stauden bepflanzte Wand erfordert die Hilfe eines Fachbetriebs.

Kletterpflanzen sind nicht nur ästhetisch wertvoll, sie isolieren und fördern den Artenreichtum.

Eine mit Stauden begrünte Fassade lässt sich gemeinsam mit einem Fachbetrieb verwirklichen.

ZAHLEN & FAKTEN

Man schätzt, dass
1 m² Fassadenbegrünung pro Jahr
2,3 kg CO2 in
1,7 kg Sauerstoff umwandelt.

Kostbare Lebensräume

Mit den richtigen Pflanzen schafft man wertvolle Habitate für Tiere und fördert den Artenreichtum. Blühende Arten wie Waldrebe (*Clematis*), Geißblatt (*Lonicera*), Efeu (*Hedera*) und Wilder Wein (*Parthenocissus*) dienen Insekten als Nektarquelle. Vögel ernähren sich von Hagebutten und Efeubeeren. Der Bewuchs entzieht dem Boden Feuchtigkeit, sodass feuchtes Mauerwerk kein Thema ist. Die richtige Bepflanzung schützt die Fassade vor Witterungseinflüssen und verlängert ihre Lebensdauer. Wie alle Gewächse absorbieren und reinigen Kletterpflanzen Regenwasser, verringern so die Überschwemmungsgefahr und tragen zur Entlastung des Abwassersystems und zur Stabilisierung des Grundwasserspiegels bei.

Die Angst vor einer Ungezieferplage ist unbegründet, denn Spinnen und Eidechsen halten Stechmücken und Fliegen in Schach, während Vögel Spinnen und Insekten verzehren. Eine Win-win-Situation für alle Beteiligten!

Treffen begrünte auf unbegrünte Flächen, so entsteht ein Temperaturgefälle, das Luftbewegungen verursacht, was in der Stadt eine willkommene Erfrischung bedeutet.

Balsam für die Seele

Die geräuschdämpfenden Eigenschaften einer Fassadenbegrünung wirken sich positiv auf die Psyche von lärmgeplagten Städtern aus, denn die dichten Blätterwerke absorbieren den Schall. Gleichzeitig sind raschelndes Laub und Vogelgezwitscher Balsam für die Seele.

PFLEGELEICHTE TOPFKOMBIS

Ohne Töpfe gehts nicht! Mit einem Topfgarten kann man sich so richtig austoben und die eigene Kreativität ausleben. Es ist pures Gärtnerglück! Im Gegensatz zu Beeten, die auf lange Sicht geplant und bepflanzt werden, kann man sich so jedes Jahr mindestens einmal, Fleißige auch zweimal, spontan die Welt so gestalten, wie sie einem gefällt. Das ist umso interessanter und wichtiger für Leute, die „nur" einen Balkon oder eine Terrasse haben.

Nachhaltige Pflanzen

Ob Einjährige, Sukkulenten, mehrjährige Stauden, Gewürze oder Gemüse – alles ist möglich, deine Fantasie allein setzt die Grenzen! Damit die Sache so umweltverträglich wie möglich ist, bezieht man die Pflanzen von vertrauenswürdigen Produzenten, die vom Gebrauch von Herbiziden, Pestiziden und Torf absehen. Eine Studie in England, bei der Pflanzen mit dem „Perfect for pollinators"-Logo („Perfekt für Bestäuber") untersucht wurden, brachte zutage, dass die meisten Pflanzen einen Giftcocktail aus Pestiziden enthielten, der von der Produktion herrührte – und somit überhaupt nicht gut für Insekten waren. Machen wir uns nichts vor: Hersteller von Massenware sind in diesen Dingen oft nicht zimperlich.

Das Substrat in den Gefäßen sollte torffrei sein, im Idealfall mischt man es selbst. In der Wachstumszeit gibt man alle zwei Wochen Flüssigdünger ins Gießwasser.

ERDE FÜR KÜBEL SELBER MISCHEN

Der Abbau von Torf steht schon lange in der Kritik, denn er zerstört wichtige Ökosysteme. Da Moore zudem wichtige Kohlendioxid-Speicher sind, trägt der Abbau zur Erderwärmung bei. Wenn du also genug reife Komposterde hast, kannst du selbst die Erde für deine Töpfe herstellen. Dafür mischt man einjährige Komposterde mit Gartenerde im Verhältnis 1:2. Mit einem Sieb lassen sich grobe Partikel herausfiltern. Dann gibt man ein wenig Rindenhumus und pro Liter 2–3 g eines organischen Stickstoffdüngers (zum Beispiel Hornspäne) hinzu. Eine Beimischung von Kokosfasern sorgt für eine gute Durchlüftung und steigert die Wasserspeicherkapazität.

Viele Pflanzen lassen sich leicht aus Samen oder Stecklingen ziehen, was überdies auch günstiger als ein Neukauf ist.

Damit man in der Saison nicht ständig mit der Gießkanne herumflitzen und sich mit Krankheiten und Schädlingen rumschlagen muss, wählt man von vornherein trockenheitsverträgliche, gesunde Arten, denn Töpfe trocknen natürlich schneller aus als Beete. Biologisch abbaubares Wasserspeicher-Granulat oder Schafwollpellets und Mulch reduzieren die Gießintervalle. Als Mulch eignet sich neben organischen Materialien – abhängig von der Bepflanzung – auch eine 1–4 cm dicke Schicht aus sehr feinem Kies.

Gut gebettet

Auf Dachterrassen spielen zusätzlich Windtoleranz und Gewicht eine Rolle. Es kommt darauf an, geeignete Behälter und Substrate zu wählen. Hohe, schmale Gefäße neigen eher zum Umkippen als breite und niedrige. Plastik-, Holz- und Fiberglaskübel sind leichter, Terrakotta-, Beton-, Metall- und Steintöpfe entsprechend schwerer. Nicht alle Materialien vertragen Frost. Schön, aber weniger lange haltbar, sind Weidenkörbe.

Manche recyceln lieber Gefäße aller Art und kreieren ein kunterbuntes Ensemble: Es eignen sich Weißblechdosen, alte Wannen, Töpfe, Koffer und Backformen. Hängekörbe trocknen schnell aus und sind deshalb weniger geeignet, außer man bepflanzt sie mit Sukkulenten.

Ganz egal, für welchen Stil und welches Material du dich letztlich entscheidest, eine gute Dränage ist essenziell. Zusätzlich zu Abzugslöchern im Boden sorgt eine Dränageschicht aus Kies oder Blähton dafür, dass überschüssiges Wasser ablaufen kann.

Die Behälter sollten jedes Jahr gut gereinigt werden. Größere oder kletternde Pflanzen benötigen eine Stütze. Das kann ein einfacher Holz- oder Bambusstab, ein Spalier aus Holz oder Metall oder ein selbst gebautes Gestell aus Weide oder Draht sein.

#machsnachhaltig

SUKKULENTE VIELFALT

Sukkulenten bezaubern mit ungewöhnlichen Blatt- und Wuchsformen. Viele Arten sind Insektenmagnete! Ihre Anspruchslosigkeit macht sie zu idealen Topfpflanzen. Im Gegensatz zu den meisten anderen nehmen sie es nicht übel, wenn man sie vernachlässigt. Das Gegenteil ist der Fall – mit zu viel Zuwendung killt man sie leicht! Man kann also guten Gewissens in die Ferien fahren, denn sie überstehen dank integriertem Wasserspeicher trockene Phasen problemlos.

Sukkulenten erkennt man an ihren fleischigen Blättern, in denen sie Feuchtigkeit einlagern. Auch Kakteen zählen zu den Sukkulenten und haben ihr Laub fast ganz zurückgebildet und Dornen entwickelt, um die Verdunstungsfläche zu verkleinern. Sie brauchen nicht nur wenig Wasser, sie gedeihen auch am besten in karger Erde. Ihr architektonisches Äußeres macht sie zu tollen Hinguckern in flachen Schalen und Gefäßen. Bei der Gestaltung darfst du deiner Fantasie freien Lauf lassen. Winzlinge gedeihen auch auf Dachziegeln oder in Topfdeckeln.

Es gibt winterharte und nicht winterharte Arten. Vor allem bei Letzteren ist die Vielfalt besonders groß. Sie verbringen das Sommerhalbjahr gern im Freien und müssen im Herbst wieder ins Haus oder in ein frostfreies Gewächshaus. Die letzten Winter haben meine jedoch gut im Freien überstanden. Leichten Frost vertragen sie problemlos, nur bei Staunässe strecken sie die Flügel. Winterharte Arten bleiben draußen, aber eine gute Dränage ist wegen Fäulnisgefahr extrem wichtig. In Gegenden mit hohen Niederschlägen Gefäße an einen geschützten, trockenen Platz rücken.

Wenn man mit pflegeleichten Arten beginnt, bekommt man schnell ein Händchen für die liebenswerten Gewächse und kann mit empfindlicheren Arten experimentieren.

Die Schale ist nur mit wenigen Hauswurz-Arten und zwei Echeverien bepflanzt – sieht das Ensemble nicht sehr kunstvoll aus?

Winterharte Sukkulenten

Diese Arten können – trockene Füße vorausgesetzt – über Winter draußen bleiben: Fetthenne (*Sedum acre, S. album, S. cauticola, S. humifusum, S. lydium, S. obtusatum, S. rupestre, S. spathulifoium, S. spurium, S. floriferum, S. reflexum*), Hauswurz (*Sempervivum*), Feigenkaktus (*Opuntia fragilis, O. engelmannii*), *Echinocereus*, Eiskraut (*Mesembryanthemum*), Mittagsblume (*Delosperma*)

Nicht winterharte Sukkulenten

Diese Arten müssen frostfrei überwintert werden: Echeverie (*Echeveria*), *Aloe*, *Kalanchoe*, Dickblatt (*Crassula*), *Aeonium*

PFLANZ- UND PFLEGETIPPS

- flache Schalen für niedrigere Arten, tiefere Töpfe für hohe Arten
- Kies oder Blähton als Dränageschicht
- Substrat: Mischung aus magerer Gartenerde und grobem Sand
- feiner Kies oder Split auf der Oberfläche schützt Rosetten vor Fäulnis
- sonniger Standort
- nur in sehr langen Trockenphasen gießen
- Verblühtes entfernen
- in der Wachstumszeit einmal pro Monat eine leichte Dosis Flüssig- oder Kakteendünger verabreichen
- Vermehrung: einfach Triebe abnehmen und einpflanzen
- empfindliche Arten frostfrei überwintern

#machsnachhaltig

Eine Mini-Wüste

Eine attraktive, pflegeleichte Topfkombi, die auch längere Abwesenheit nicht übel nimmt.

Wüste ist vielleicht übertrieben, aber die Pflanzen in diesem modernen Kübel lieben Trockenheit über alles und fühlen sich auf einer sonnigen Terrasse oder einem Balkon pudelwohl. Die pflegeleichte Bepflanzung eignet sich prima für Genießer und Menschen, die viel unterwegs sind.

Tipp → Gibt es Kinder im Haushalt, ersetzt man den Feigenkaktus wegen der Verletzungsgefahr am besten durch eine hohe Sukkulente (*Aeonium* oder *Crassula*).

Aufgrund ihrer Frostempfindlichkeit versenkt man diese beiden Arten im Sommerhalbjahr am besten samt Topf in dem großen Kübel; dann lassen sie sich im Herbst leicht herausnehmen und im Haus überwintern. Gute Dränage ist absolut nötig.

Diese Kombination punktet vor allem mit ihren vielfältigen Formen, Texturen und Strukturen. Damit es nicht eintönig wird, kombiniert man strukturstarke, höhere Exemplare mit niederen Arten. Zarte Gräser und grazile Stauden kontrastieren mit fleischigeren, eindrücklicheren Blättern und Wuchsformen. Die Blüten sind dezent und setzen saisonale Höhepunkte. Auch der Kontrast zwischen riesigem Topf und zierlichen Pflanzen verfehlt seine Wirkung nicht.

Neben einem Feigenkaktus (*Opuntia*) tummeln sich Wolfsmilch-Arten (*Euphorbia myrsinites*, *E. seguieriana*), Kurilen-Beifuß (*Artemisia schmidtiana* 'Nana') und Neuseeland-Segge (*Carex testacea*). Empfehlenswerte frostharte Feigenkaktus-Arten: *Opuntia fragilis* 'Freiberg', *O. cymochila* 'Arizona', *O. engelmannii* 'Sandia' und 'Natural Bridges'.

Die Bepflanzung ist frosthart und kann draußen bleiben. Da sie ein Zuviel an Feuchtigkeit nicht schätzt, rückt man den Topf im Winter an die Wand und gießt nur ganz selten.

Weitere Trockenkünstler

Fetthenne (*Sedum*), Aloe, Federgras (*Nasella tenuissima*), Junkerlilie (*Asphodeline lutea*), Strohblume (*Helichrysum*), Heiligenkraut (*Santolina*), Zwerg-Gamander (*Teucrium chamaedrys* 'Nanum'), Agave, Rosmarin (*Salvia rosmarinus*, Syn. *Rosmarinus officinalis*), Portulak (*Portulaca*), Lebender Stein (*Lithops*)

PFLANZ- UND PFLEGETIPPS

- Kies oder Blähton als Dränageschicht
- Substrat: Mischung aus magerer Gartenerde und grobem Sand
- feiner Kies oder Split auf der Oberfläche schützt vor Fäulnis
- sonniger Standort
- nur in sehr langen Trockenphasen gießen
- Verblühtes entfernen
- in der Wachstumszeit einmal pro Monat eine leichte Dosis Flüssig- oder Kakteendünger verabreichen
- Vermehrung: Wolfsmilch und Beifuß über Teilung oder grundständige Stecklinge im Frühjahr, Feigenkaktus über Stecklinge bzw. abgetrennte Glieder.

#machsnachhaltig

FEURIGER BLÜTENTANZ

EINE LEBHAFTE UND ZUM TEIL ESSBARE BEPFLANZUNG, DIE GUTE LAUNE VERBREITET.

Manche mögen's heiß! Obwohl ich zurückhaltende Pflanzkombinationen durchaus schätze, gestalte ich jedes Jahr auch einige Kübel, die den Blutdruck in die Höhe treiben. Gelb, Orange und Rot beleben und gehören einfach zum Sommer. Hier ist eine pflegeleichte, attraktive und vielseitige Idee für einen sonnigen oder halbschattigen Platz, die über viele Wochen Freude macht.

Pelargonie (*Pelargonium*), Echte Kapuzinerkresse (*Tropaeolum majus*), Studentenblume (*Tagetes*) und Rauer Sonnenhut (*Rudbeckia hirta*) blühen bei der richtigen Pflege den ganzen Sommer lang. Zudem sind sie bei Insekten begehrt. Schön ist ein Mix aus hohen, niedrigen und rankenden Pflanzen und kontrastierenden Laubformen. Das filigrane Laub der Studentenblume ist ein echter Hingucker.

Ein weiterer Bonus: Sogar essbar sind die Blüten von Kapuzinerkresse und Studentenblumen (lecker sind *Tagetes tenuifolia*, *T. lucida*, *T. minuta*, *T. filifolia*); sie verzieren Salate, Gemüsegerichte und Desserts. Tipp → Die unreifen Samen der Kapuzinerkresse kann man als Kapernersatz in Essig einlegen.

Je größer der Topf, desto besser, denn so muss man weniger gießen. Wie bei allen Töpfen ist eine gute Dränage wichtig. Mischt man Kokosfasern oder etwas Lehm unter das Substrat, verbessert sich die Wasserspeicherkapazität.

Durch das Entfernen von Verblühtem verausgaben sich die Pflanzen nicht mit der Samenbildung, sondern produzieren munter weiter neue Blüten. Zusätzlich gibt man alle zwei Wochen Flüssigdünger ins Gießwasser.

Die Bepflanzung ist zwar einjährig, wenn man aber Stecklinge nimmt und Samen sammelt, lässt sich das Arrangement nachhaltig und mit einem kleinen Budget jedes Jahr aufs Neue zaubern!

Die verwendeten Pflanzen sind keine Wüstenbewohner, aber sie nehmen kurzzeitige Trockenphasen nicht übel.

Weitere feurige Einjährige

Zinnie (*Zinnia*), Lappen-Prunkwinde (*Ipomoea lobata*), Kokardenblume (*Gaillardia*), Portulak (*Portulaca*), Schmuckkörbchen (*Cosmos sulphureus*, *C. bipinnatus* in Sorten), Salbei (*Salvia microphylla*, *S. fulgens*, *S. coccinea*), Spinnenpflanze (*Cleome*), Wandelröschen (*Lantana*), Mohn (*Papaver rhoeas*), Ringelblume (*Calendula*)

PFLANZ- UND PFLEGETIPPS

- Kies oder Blähton als Dränageschicht
- Substrat: torffreie oder selbst gemischte Blumenerde
- feiner Kies oder Split auf der Oberfläche schützt vor Fäulnis
- sonniger oder halbschattiger Standort
- regelmäßig gießen
- Verblühtes regelmäßig entfernen
- in der Wachstumszeit alle zwei Wochen Flüssigdünger ins Gießwasser geben
- Vermehrung: Pelargonie über Grünstecklinge vom Frühling bis zum Herbst, alle anderen über Samen

#machsnachhaltig

URLAUBSGEFÜHLE

Eine Kombination, die seit Jahren auf meiner Terrasse steht und südlichen Charme versprüht: Sie ist robust, trockenheitsverträglich und – wenn man von den Einjährigen in den kleinen Töpfen absieht – ganzjährig hübsch anzusehen.

Ausdauernde Bepflanzungen haben den Vorteil, dass sie weniger Arbeit machen. Die Chinesische Hanfpalme (*Trachycarpus fortunei*) ist eine unserer frosthärtesten Palmen und lässt sich problemlos über viele Jahre im Kübel halten, da sie langsam wächst. Sie verträgt locker kurzzeitige Temperaturen bis –10 °C. Der Topf sollte groß und hoch sein, da ihre Wurzeln schnell in die Tiefe wachsen. Ein schwerer Topf sorgt für einen sicheren Stand, denn Palmen werden mit der Zeit kopflastig. An ihrem Naturstandort im Himalaya erreicht sie eine Höhe von 20 m. Die Sorte 'Nanus' bleibt mit 1 m ein Zwerg.

Hanfpalmen und Pflanzen aus südlichen Gefilden mögen keine Winternässe, weshalb eine gute Dränage wichtig ist. In niederschlagsreichen Regionen sind die Töpfe am besten an einer schützenden Hauswand aufgehoben.

Am Fuß der Hanfpalme wächst Rosmarin, der Insekten oft schon im Winter mit zauberhaften, blauen Blüten erfreut. Die besten Sorten für unsere Breiten sind 'Veitshöchsheim', 'Arp' und 'Prostratus'. Beide Pflanzen werden nicht verwöhnt und stecken auch Frost und längere Abwesenheit des Besitzers problemlos weg. Der Topf steht nicht weit von der Küche, sodass ich immer mal schnell hinausflitzen kann, um ein Rosmarin-Zweiglein zu ernten.

Da die beiden sich im Erscheinungsbild nur geringfügig verändern, peppe ich das Ganze mit Ein- und Mehrjährigen in kleineren Töpfen auf. In jenem Sommer waren es Pelargonie (*Pelargonium*), Wandelröschen (*Lantana*), Segge (*Carex*) und der exotisch anmutende, kriechende Kanarische Hornklee (*Lotus berthelotii*). Das Wandelröschen ist bei Insekten sehr beliebt.

Pflegeleichte, frostfrei zu überwinternde Pflanzen mit Urlaubsfeeling

Bougainvillee (*Bougainvillea*), Oleander (*Nerium oleander*), Schmucklilie (*Agapanthus*), Zwergpalme (*Chamaerops humilis*), Zylinderputzer (*Callistemon*), Bleiwurz (*Plumbago auriculata*), Granatapfel (*Punica granatum*), Hibiskus (*Hibiscus*), Echte Feige (*Ficus carica*), Olivenbaum (*Olea europaea*), Lorbeer (*Laurus nobilis*)

Tipp → Hast du nur einen kleinen Balkon? Kein Problem, denn alle genannten Pflanzen lassen sich durch Schnitt kompakt halten. Zudem kann man beim Umtopfen den Wurzelballen jeweils verkleinern.

PFLANZ- UND PFLEGETIPPS

- Kies oder Blähton als Dränageschicht
- Substrat: torffreie oder selbst gemischte Blumenerde
- sonniger oder halbschattiger Standort
- mäßig gießen
- Verblühtes regelmäßig entfernen
- in der Wachstumszeit alle zwei Wochen Flüssigdünger ins Gießwasser geben
- Vermehrung: Rosmarin über halbverholzte Stecklinge im Sommer, Pelargonie über Grünstecklinge vom Frühling bis zum Herbst, Segge über Teilung im Frühling oder Frühsommer.
- je nach Lage im Winter gut einpacken oder frostfrei überwintern

#machsnachhaltig

LUXURIÖSES LAUB IM SCHATTEN

Und was tun, wenn der Balkon oder die Terrasse die meiste Zeit des Tages im Schatten liegt? Auch dieses Szenario ist kein Grund zum Verzweifeln, denn es gibt eine erstaunliche Palette von Pflanzen, die unter solchen Bedingungen aufblüht und ein Dasein im Sonnenschein sogar mit braunen Blatträndern quittieren würde.

Zu den ganz großen Schattenstars zählen die Funkien, mit deren Formen- und Farbenvielfalt es so schnell niemand aufnimmt. Mittlerweile gibt es über 4000 Sorten im Handel, die keine Wünsche offenlassen.

Da sie auf dem Speiseplan von Schnecken ganz oben stehen, bietet die Topfkultur einen enormen Vorteil: Man kommt in den Genuss von makellosem Laub, das in Beeten eher selten ist.

Funkien sind robust, pflegeleicht und haben einen mäßigen Wasserbedarf. Viele Sorten zeichnen sich durch duftende Blüten aus. Für Kübel und Töpfe eignen sich vor allem kleinere Sorten. Ideal für Anfänger sind 'June', 'Blue Mouse Ears', 'Cracker Crumbs', 'Fire and Ice' sowie 'So sweet' und 'Fragrant Bouquet' (beide mit Duft!).

Blaublättrige Sorten eignen sich besser für den Vollschatten, während panaschierte, goldfarbene und gelbe Sorten die schönste Laubfärbung im Halbschatten (Morgen- oder Abendsonne) entwickeln.

In Verbindung mit anderen Schattenwesen entstehen unwiderstehliche Bilder, die locker mit blühendem Sommerflor mithalten können! Zarte Akzente lassen sich mit den feinen Blüten von Fuchsien und Fleißigen Lieschen setzen. Attraktive Kontraste steuert Efeu bei. Dank Züchtertätigkeit gibt es tolle, schwachwüchsige Efeu-Sorten mit filigranen Blättern, die sich gut für die Topfkultur eignen und leicht eine Sammelsucht auslösen. Besonders schön sind 'Duckfoot', 'Spetchley, 'Anita', 'Green Ripple', 'Parsley Crested' und 'Cockle Shell'. Die Überwinterung ist übrigens vollkommen unkompliziert, denn das Laub der Funkien stirbt ab

FUNKIEN SIND DIE SCHATTENSTARS PAR EXCELLENCE UND VERZAUBERN MIT IHRER BLATTVIELFALT.

und somit beschränkt sich das Gießen auf ein Minimum.

Weitere zauberhafte Schattenwesen

Efeu (*Hedera* spec.), Fuchsie (*Fuchsia*), Begonie (*Begonia*), Fleißiges Lieschen (*Impatiens walleriana*), Pfennigkraut (*Lysimachia nummularia*), Streifenfarn (*Asplenium trichomanes*), Tränendes Herz (*Lamprocapnos spectabilis*, Syn. *Dicentra spectabilis*), Dreiblättrige Waldsteinie (*Waldsteinia ternata*), Zier-Spargel (*Asparagus densiflorus*), Schildfarn (*Polystichum*)

Tipp → Auch einige Kräuter gedeihen im Schatten, zum Beispiel Minze (*Mentha*), Petersilie (*Petroselinum crispum*), Schnittlauch (*Allium schoenoprasum*) und Bärlauch (*Allium ursinum*).

PFLANZ- UND PFLEGETIPPS

- Kies oder Blähton als Dränageschicht
- Substrat: torffreie oder selbst gemischte Blumenerde
- halbschattiger oder schattiger Standort (im Vollschatten werden weniger Blüten gebildet)
- mäßig gießen
- Verblühtes regelmäßig entfernen
- In der Wachstumszeit alle zwei Wochen Flüssigdünger ins Gießwasser geben
- Vermehrung: Funkien werden im Frühjahr oder Spätsommer geteilt
- in Gegenden mit Dauerfrost Töpfe gut einpacken oder frostfrei überwintern

#machsnachhaltig

GROW YOUR OWN: KRÄUTER, GEMÜSE UND OBST

Der Anbau von eigenem Gemüse, Kräutern und Obst zählt zu den befriedigendsten Tätigkeiten, die es gibt. Das gilt heute mehr denn je, denn auf nahezu allem, was man kauft, finden sich Pestizid- und Herbizidrückstände. Hinzu kommen die teilweise erheblichen Food miles. Es gibt keinen Grund, nicht wenigstens einen kleinen Teil seines Bedarfs selbst zu ziehen. Es lohnt sich, Kinder mit einzubeziehen, damit sie das Wunder, wie sich aus einem Samenkorn eine Pflanze entwickelt, erfahren und die Zusammenhänge erkennen. Blüten bieten zudem wertvolle Nahrung für Insekten in der Stadt.

Essbares lässt sich prima mit Sommerblumen kombinieren. Viele Gemüsearten und Mini-Obstsorten wachsen problemlos in Kübeln, Kräuter gedeihen in den kleinsten Gefäßen. Die Blüten mancher Kletterbohnen sind so hübsch wie die von einjährigen Kletterern und ein effektiver Sichtschutz, den man nebenbei verspeisen kann. Da Bohnen Stickstoff im Boden binden, setzt man Kohl, Spinat und Sellerie dazu, denn sie haben einen hohen Bedarf und profitieren von diesem Nebeneffekt. Wenn man das Gemüse geschickt in der Höhe staffelt, lässt sich viel auf kleinem Raum unterbringen.

Wenn du also „nur" einen Balkon hast, sollte dich das keineswegs davon abhalten, einige Tomaten, Chili, Kräuter oder Erdbeeren zu ziehen. Die Kultur von Tomaten in Töpfen an einer geschützten Wand hat den Vorteil, dass sie im Regenschatten von Pilzkrankheiten verschont bleiben und sich der Ertrag steigern lässt. Am besten eignen sich Cherrytomaten oder Zwergtomaten, die du sogar in Ampeln setzen kannst.

Die Topfgröße hängt vom Gemüse ab. Während für Radieschen und Salat kleinere Gefäße ausreichen, benötigen Zucchini, Gurken, Kürbis, Chili und Tomaten größere Töpfe. Je größer der Topf, desto weniger muss man gießen und umso größer ist der Ertrag.

Kartoffeln aus dem Sack
So geht's:

1. Wickele die Säcke anfangs auf eine Höhe von 30 cm.
2. Auf eine Lage Blähton folgt eine Schicht Gemüseerde oder eine Mischung aus Gartenerde, Sand und Kompost.
3. Verteile drei bis vier Kartoffeln darauf und bedecke sie mit Erde.
4. Haben die Pflanzen eine Höhe von 30 cm erreicht, rollst du den Sack etwas nach oben ab und füllst 15 cm Erde nach.
5. Dies noch zweimal im Abstand von 14 Tagen wiederholen, danach feucht halten und abwarten.

Töpfe trocknen schneller aus, weshalb man ein Auge auf das Substrat haben sollte. Ist man zeitlich eingespannt und viel unterwegs, empfehlen sich wärmeliebende Kräuter mit geringem Wasserbedarf (zum Beispiel Thymian, Rosmarin, Lavendel, Bohnenkraut) und Gemüse wie Tomaten und Chili, die nicht so schnell schlapp machen, wenn man sie mal nicht gleich gießt.

Gemüse und Kräuter für die Topfkultur

Sonne → Cherrytomaten, Bohnen, Chili, Paprika, Auberginen, Zucchini, Kürbis, Melonen, Gurken, Basilikum, Majoran, Oregano, Rosmarin, Salbei, Thymian

Halbschatten → Salat, Radieschen, Kohl, Mangold, Rauke, Petersilie, Schnittlauch, Kresse, Kerbel, Dill, Melisse, Minze, Bärlauch, Karotten, Fenchel, Kohl, Rote Bete

Obst für die Topfkultur

Erdbeeren ('Mara des bois', 'Elan'), Birne ('Garden Pearl', 'Garden Gem'), Kirsche ('Stella', 'Victoria', 'Cinderella'), Pflaume ('Imperial', 'Fruttoni Golddust'), Feige ('Gustis Isi d'Oro')

Kräuter eignen sich gut für die Topfkultur. Arten aus dem Süden wie Rosmarin und Thymian haben einen geringen Wasserbedarf.

Auch auf dem kleinsten Balkon oder Fenstersims lassen sich Kräuter und Gemüse ziehen.

PFLANZ- UND PFLEGETIPPS

- Kies oder Blähton als Dränageschicht
- Substrat: torffreie oder selbst gemischte Blumenerde
- halbschattiger oder sonniger Standort
- nach Bedarf gießen
- organischer Mulch
- angemessene Topfgröße: für Tomaten und Gurken mindestens 40 cm Durchmesser, für Obstbäume mindestens 50 cm
- helle Töpfe halten die Wurzeln kühler
- stabile Rankgerüste und Stützen nötig

TROUBLESHOOTING

Im Zuge des Klimawandels dürfen wir eine Veränderung im Auftreten von Krankheiten und Schädlingen sowie deren natürlichen Gegnern erwarten. Wo kürzere Vegetationsphasen und kalte Winter regulierend wirkten, verlängern heute höhere Temperaturen die Befallssaison und wirken sich auf das Überleben von schädigenden Organismen, invasiven Arten und Nützlingen aus. In diesem Kapitel gibt es Tipps für allerlei Zipperlein, die uns von Zeit zu Zeit Sorgen bereiten.

KRANKHEITEN UND SCHÄDLINGE

Das Klima befindet sich in einem kontinuierlichen Wandel und beeinflusst schon immer alle Lebensprozesse auf dem Planeten. Gemäß Forschern wird die derzeitige Erwärmung neue Herausforderungen, aber auch mögliche Vorteile mit sich bringen. Veränderungen werden nicht nur im Auftreten und im Erscheinungsbild von Krankheiten, Schädlingen und Nützlingen erwartet, sondern auch im komplexen Zusammenspiel zwischen Pflanzen, Erregern und Nützlingen. Pflanzen werden sich anders entwickeln: Während manche anfälliger werden, wissen sich andere besser zu behaupten.

Der Einfluss des Wetters

Temperatur und Luftfeuchtigkeit sind die wichtigsten Kräfte in diesem Spiel. Sie entscheiden, wie dynamisch sich Schadorganismen entwickeln werden. Höhere Temperaturen, Ozon- und Kohlendioxidkonzentrationen, Extremwetterereignisse wie Dürreperioden und Starkregen werden die Interaktion unserer Kulturpflanzen mit den jeweiligen Schadorganismen verändern. Angesichts der enormen Vielfalt sowohl bei den Pathogenen (zum Beispiel Viren, Pilze oder Bakterien) als auch den tierischen Schädlingen (zum Beispiel Läuse und Milben) darf man sich auf entsprechend vielfältige Reaktionen einstellen.

Folgende Szenarien sind möglich:

- **Krankheiten und andere schädliche Organismen werden in anderen Jahreszeiten oder über längere Zeiten ein Thema.**
- **Populationen überwintern dank milder Temperaturen und entwickeln sich schneller bzw. bringen mehr Generationen pro Jahr hervor als bisher.**
- **Krankheiten und Schädlinge etablieren sich in neuen Regionen, zum Beispiel wandern wärmeliebende Arten gen Norden. Krankheiten werden teilweise von Läusen, Zikaden und Co. übertragen.**

Eines ist klar: Wie schon immer im Lauf der Evolution wird es auch hier Gewinner und Verlierer geben.

Das Ökosystem: Alles hängt zusammen

Das Wort „Schädlinge“ benutze ich ungern. Denn es handelt sich dabei um Lebewesen, die ebenfalls eine Daseinsberechtigung haben und eine Rolle im Ökosystem spielen, auch wenn diese für uns nicht immer ersichtlich ist und uns ihr Treiben manchmal gegen den Strich geht. Während unsere Großeltern ihre Gärten noch weitgehend biologisch bewirtschafteten und problemlos die Familie ernähren konnten, entwickelte sich in spä-

teren Jahren ein neuer Industriezweig, der sich die „Schädlingsbekämpfung" auf die Fahne schrieb. Mit den Auswirkungen leben wir heute: Seit 1980 hat die Zahl der Vögel um über 50 % abgenommen, bei den Insekten sind es an die 80 %.

Alles ist miteinander verbunden, und deshalb ist es wichtig, die Zusammenhänge zu erkennen und nur einzugreifen, wenn es wirklich nötig ist. In diesem Buch gibt es nur Tipps zur biologischen Abwehr, aber auch sie töten, weshalb man jede Handlung abwägen muss. Zudem kann ein vermehrter Einsatz zu resistenten Populationen führen.

Das Gärtnern lehrt uns Geduld wie kaum ein anderes Hobby. Wenn man sich in Geduld übt, so lösen sich viele Probleme nach einigen Tagen von allein … oder zumindest ohne unser Zutun, denn die „tierische Feuerwehr" lässt nicht lange auf sich warten.

Was versteht man unter Schädlingen? Es handelt sich um Tiere wie Insekten, Nematoden, Milben, Schnecken und Säugetiere wie Kaninchen und Wühlmäuse, die unseren Kulturpflanzen zu Leibe rücken und uns die Ernte streitig machen.

In Deutschland gibt es allein über 30.000 heimische Insektenarten, hinzukommen eingeschleppte oder eingewanderte Arten. Jede Woche werden weltweit zehn neue Arten in Gegenden gefunden, in denen sie bislang nicht vorkamen. Eines der berüchtigtsten Beispiele ist wohl der Buchsbaumzünsler aus Asien, der wilde und kultivierte Buchsbaum-Bestände bedroht oder schon ausgelöscht hat. Viele Insekten vermehren sich mittlerweile rasanter, sind länger unterwegs und bilden in einer Saison mehrere Generationen. Es gilt: Je früher man den Befall erkennt, desto leichter lässt er sich eindämmen.

Bleiben wir wachsam und flexibel. Wenn wir Pflanzen klug im Hinblick auf Robustheit, Klima und Boden auswählen, reduzieren sich Probleme automatisch.

BLATTLÄUSE

Aphidoidea

Auch Blattläuse profitieren von steigenden Temperaturen. Sie vermehren sich nicht nur schneller, sondern ihre Larven überleben dank der milden Winter. Blattläuse zählen zu den häufigsten Problemen und sind je nach Art grün, rotbraun oder schwarz gefärbt. Sie saugen den Pflanzensaft aus jungen Blättern und weichen Triebspitzen und scheiden dabei den klebrigen, bei Ameisen beliebten Honigtau aus, auf dem sich wiederum gern Rußtaupilze ansiedeln. Läuse werden von Ameisen gemolken und gegen Fressfeinde verteidigt. Flugfähige Exemplare übertragen zudem Viruskrankheiten. In trockenen, warmen Sommern können sich Läuse massenhaft vermehren. Sie überwintern als Eier und vermehren sich nach dem Schlüpfen erst ungeschlechtlich. Innerhalb einer Woche entsteht eine neue, geschlechtsreife Generation. Später kommen geflügelte Nachkommen hinzu, die sich dann geschlechtlich fortpflanzen.

Blattläuse sind je nach Art grün, rotbraun oder schwarz. Ameisen lieben den süßen Honigtau und schützen Läuse deshalb vor Fressfeinden.

Vorbeugung

- Marienkäfer, Schlupfwespen, Flor- und Schwebfliegen sind die wichtigsten Fressfeinde: Man fördert sie mit einem naturnahen Garten, Wildblumen, Totholzhaufen, Insekten- und Marienkäferhotels.
- ausgewogene, stickstoffreduzierte Nährstoffversorgung
- Monokulturen meiden

Behandlung

- leichter Befall: mit Wasserstrahl abspritzen oder zerdrücken
- starker Befall: 50-fach verdünnte Brennnessel-Jauche (Seite 115), Seifenlösung oder Produkt auf Basis von Raps- oder Neem-Öl spritzen

GEFURCHTER DICKMAULRÜSSLER

Otiorhynchus sulcatus

Erwachsene Dickmaulrüssler sieht man selten, da sie in der Nacht ihr Unwesen treiben. Fraßschäden deuten auf ein Problem hin.

Die nachtaktiven Käfer fressen halbkreisförmige Kerben in das Laub vieler Zierpflanzen, ihre Larven laben sich an den Wurzeln. Wenn eine Topfpflanze plötzlich schlapp macht und sich widerstandslos aus der Erde ziehen lässt, sind meist sie daran schuld. Während die Käfer „nur" das Erscheinungsbild einer Pflanze verderben, bereiten die Larven vielen ein Ende und bereiten der Verticillium-Welke den Weg.

Die ersten Tiere schlüpfen im Mai, die letzten im August. Ein weibliches Tier legt bis zu 800 Eier in sandige, humusreiche Böden. Nach zwei bis drei Wochen schlüpfen die Larven, die im Boden überwintern. Der Käfer ist etwa 1 cm groß und schwarz mit dunkelbraunen Flecken. Die beinlosen, gelblich weißen Larven sind gleich groß und haben einen braunen Kopf.

Vorbeugung

- **Unterschlupf- und Nistmöglichkeiten für seine natürlichen Fressfeinde – Spitzmäuse, Eidechsen, Vögel, Kröten und Igel – schaffen**
- **freilaufende Hühner**

Behandlung

- **mit Holzwolle gefüllte Blumentöpfe aufstellen und Käfer einsammeln**
- **Nematoden (Heterorhabditis) ausbringen, idealer Zeitpunkt: April oder Mai und August oder September**

SCHILDLÄUSE

Coccoidea

Ungefähr 90 Arten von Schildläusen leben in unseren Breiten. Mit einer Größe von 6 mm und ihrem Schutzschild sind sie gut zu erkennen. Unter ihrem Panzer verborgen futtern sie munter vor sich hin, vermehren sich und kommen fröhlich durch den Winter. Unter ihrem Schutzschild legen die Weibchen bis zu 250 Eier ab und produzieren in warmen Jahren mehrere Generationen.

Die Weibchen stechen mit ihrem Rüssel Pflanzenteile an und saugen den Saft aus. Wie Blattläuse scheiden auch sie Honigtau aus, allerdings werfen sie ihn von sich, um nicht zu verkleben. So sind es meist die seltsam glänzenden Blätter, die dem Gärtner auffallen. Die Ausscheidungen ziehen Rußtaupilze an, die die Photosynthese ungünstig beeinflussen. Männliche Schildläuse haben übrigens keine Mundwerkzeuge.

Tipp → Auf Pflanzen herumwandernde Ameisen deuten meist auf Läusebefall hin!

Schildläuse befallen den Japanischen Spindelstrauch (Euonymus japonicus) und viele andere Ziersträucher. Ihre Ausscheidungen ziehen Ameisen und Rußtaupilze an.

Vorbeugung

- frisch erworbene Pflanzen sorgfältig auf Befall untersuchen und gegebenenfalls behandeln
- durch gute Pflege Stress und Krankheiten bei Pflanzen vermeiden
- ausgewogene, stickstoffreduzierte Düngung
- gute Bodenpflege, vor allem mulchen
- Förderung von Nützlingen (Schlupfwespe, Ohrwürmer, Marienkäfer) durch naturnahe Gärten
- verdünnte Brennnessel-Jauche (Seite 113) spritzen

Behandlung

- leichter Befall: entfernen der Läuse mit einem Lappen bzw. einer kleinen Bürste oder zerdrücken
- starker Befall: unverdünnte Farnkraut-Jauche (Rezept wie Brennnessel-Jauche von Seite 113, aber mit Wurm- oder Adlerfarn) oder biologisches Produkt auf Basis von Orangenöl spritzen

GEMEINE SPINNMILBE

Tetranychus urticae

Spinnmilben vermehren sich bei Trockenheit und Wärme und sind vor allem in Gewächshäusern ein Problem.

Die Familie der Spinnmilben umfasst etwa 1200 Arten. Milben zählen nicht zu den Insekten, sondern zu den Spinnentieren und haben acht Beine. Sie sind zwischen 0,25 und 0,8 mm lang und kaum zu sehen. Ihre Farbe variiert je nach Saison und Wirtspflanze zwischen Gelb, Orange, Grün und Rotbraun. Mit ihren Mundwerkzeugen saugen sie an Blattunterseiten.Die einzelnen Milben leben zwar nicht lang, sind aber äußerst vermehrungsfreudig: Weibliche Tiere legen bis zu 100 Eier, aus denen sich innerhalb von nur sechs bis 15 Tagen fortpflanzungsfähige Tiere entwickeln.

Spinnmilben gedeihen im trockenen, warmen Ambiente, weshalb ihnen der Klimawandel entgegenkommen wird. Man findet sie im Freiland, im Gewächshaus und an Zimmerpflanzen. Drinnen richten sie den größten Schaden an. Sie befallen – wie andere Schädlinge auch – gern geschwächte Pflanzen.

Vorbeugung

- Erhöhung der Luftfeuchtigkeit durch regelmäßiges Lüften und Besprühen der Pflanzen
- ausreichende Wasserversorgung
- gute Bodenpflege, vor allem mulchen
- ausgewogene kaliumbetonte, stickstoffreduzierte Düngung

Behandlung

- leichter Befall: Pflanze alle paar Tage mit scharfem Wasserstrahl abspritzen
- Starker Befall: Einsatz von speziellen Raubmilben (*Phytoseiulus persimilis*) oder Gallmücken (*Feltiella acarisuga*). 50-fach verdünnte Brennnessel-Jauche oder nützlingsschonendes Neem-Öl spritzen.

REZEPT FÜR BRENNNESSEL-JAUCHE

1 kg frische oder 200 g getrocknete Brennnesseln auf 10 l Wasser ansetzen und vergären lassen.

Zum Gießen 10-fach, zum Spritzen 50-fach verdünnen. Die Jauche stärkt die Widerstandskraft und wehrt Insekten ab.

WANZE

Hetroptera

Wanzen zählen zu den klaren Klimagewinnern und haben sich in den letzten Jahren vielerorts zu einer Plage entwickelt. Von den vielen Arten, die weltweit vorkommen, haben sich nur wenige auf Pflanzen spezialisiert. Diese treten aber oft in Massen auf. Man nennt sie Blatt- und Beerenwanzen.
Sie vermehren sich besonders stark in langen trockenen und heißen Phasen. Vor allem Jungpflanzen sind gefährdet. Einen Befall erkennt man an verschieden großen Löchern am Laub. Früchte weisen kleine Einstichstellen auf. Blätter und Früchte entwickeln Missbildungen. Beim Saugen übertragen Wanzen auch Viren.
In meinem Garten saugen sie mit Gusto an Tomaten, Himbeeren und anderen Früchten und machen sie ungenießbar. Im Winterhalbjahr werden sie im Haus lästig.
Am häufigsten trifft man auf Feuerwanze, Graue Gartenwanze und Grüne Stinkwanze. Aus Asien wanderte die Marmorierte Baumwanze ein. Da sie bei Gefahr ein übelriechendes Sekret ausscheiden, sollte man hautnahe Begegnungen vermeiden.

Wanzen sind schillernde Kreaturen, werden aber vielerorts seit ein paar Jahren zur Plage. Im Gemüsegarten machen sie Tomaten, Himbeeren und andere Früchte ungenießbar.

Vorbeugung

- **ab dem Frühjahr morgens Wanzen abschütteln und einsammeln (Handschuhe!)**
- **Boden durch Bewässern und Mulchen frisch halten**
- **Nützlinge wie Vögel und Kröten mit naturhafter Bepflanzung und Nistplätzen anlocken**
- **Gemüse und Beerenobst mit Gemüsefliegennetz schützen**

Behandlung

- **befallene Pflanzen mehrmals täglich mit Schmierseifenlauge spritzen**

ZIKADE

Auchenorrhyncha

Hobbygärtnern bereitet vor allem die Rosenzikade Sorgen.

Zikaden, meine Wiesenmusikanten, gehören für mich einfach zum Sommer! In den Tropen übertreiben sie es zugegebenermaßen mit der Lautstärke, aber in unseren Breiten ist ihr „Gesang" durchaus akzeptabel. Bei mir sitzen sie vor allem in der Wiese und in den Kletterpflanzen an der Hauswand. So viel Aktivität macht natürlich hungrig, und so machen sie sich über allerlei Gewächse her, wobei die Schäden vor allem aus der Nähe und bei Topfpflanzen auffallen.

Zikaden kommen farbenfroh oder unscheinbar und in unterschiedlichen Größen daher. Es gibt mehrere Generationen im Jahr, vom Ei zum fertigen Insekt vergehen nur wenige Wochen. Sie laufen, fliegen und hüpfen und kommen dabei ganz schön rum. Von den 600 Arten in Deutschland sind nur 30 problematisch für Kulturen. Kritisch für Hobbygärtner sind vor allem Rosen- und Rhododendronzikaden.

Vorbeugung

- **Nützlinge wie Erzwespen, Florfliegen, Schlupfwespen, Spinnen, Laufkäfer und Vögel mit naturnaher Bepflanzung, Wiesen, Totholz, Nistkästen und Insektenhotels fördern**

Behandlung

- **Nur bei starkem Befall: 50-fach verdünnte Brennnessel-Jauche (Seite 113) oder Produkt auf Basis von Neem-Öl spritzen**

ECHTER MEHLTAU

Ersyisiphaceae

Der Echte Mehltau entwickelt sich vor allem in warmen und trockenen Wetterlagen, während der Falsche Mehltau in feuchten Sommern auftritt. Der Pilz bedeckt die Blattoberseiten mit einer weißlichen, später bräunlichen Schicht. Das Laub wird braun und vertrocknet. Er kommt bei Rosen, vielen Zierpflanzen, Gurken, Zucchini, Stachelbeeren und Obstbäumen vor. Wichtig ist ein sofortiges Handeln.

Vorbeugung

- resistente Sorten wählen
- nicht zu dicht setzen, damit die Pflanzen genug Licht und Luft bekommen
- Basilikum, Schnittlauch und Knoblauch haben eine pilzhemmende Wirkung
- idealerweise morgens und nicht über das Laub gießen
- Marienkäfer mit naturhafter Bepflanzung und Hotel anlocken
- im Sommer alle 14 Tage mit Schachtelhalm-Brühe (Seite 113) spritzen

Behandlung

- befallene Teile abschneiden und entsorgen (nicht auf den Kompost!)
- mehrmals wöchentlich mit einem Milch-Wasser-Gemisch spritzen (1 Teil frische Vollmilch auf 8 Teile Wasser)
- mit Knoblauch-Sud spritzen (50 g Knoblauchzehen klein schneiden oder pressen und mit 1 l kochendem Wasser übergießen, 24 Stunden ziehen lassen, dann 1:10 mit Wasser verdünnen und spritzen; Anwendung nach einigen Tagen wiederholen)

Der Echte Mehltau, ein Schönwetterpilz, bedeckt die Blattoberseiten mit einer weißlichen Schicht.

MARIENKÄFER

Sie zählen zweifelsohne zu den beliebtesten Insekten und bringen uns Gärtnern Glück! Neben Blatt- und Schildläusen stehen Pollen und Mehltau auf dem Speiseplan. Ein erwachsener Käfer frisst bis zu 100 Läuse, eine Larve sogar zwischen 400 und 600 täglich. Sie lieben natürlich und vielseitig bepflanzte Gärten. Wenn du ihnen Gutes tun möchtest, dann baust du ein Marienkäferhotel und pflanzt Ringelblume (*Calendula*), Kornblume (*Centaurea cyanus*), Mädchenauge (*Coreopsis*), Schmuckkörbchen (*Cosmos*), Gemeine Schafgarbe (*Achillea millefolium*), Storchschnabel (*Geranium*) und Dill (*Anethum graveolens*).

ROSTPILZE

Pucciniales

Wie bei allen Pilzinfektionen muss auch beim Rostpilz befallenes Laub entfernt werden.

Rostpilze verdanken ihren Namen den meist rötlichen Pusteln, die sie auf oder unter den Blättern verursachen. Die meisten spezialisieren sich auf eine oder einige wenige Arten und befallen gern Rosen, Stockrosen, Lauch, Gräser, Birnbäume und Weiden. Sie leben im Pflanzeninneren und bergen in ihren Pusteln große Mengen an Pilzsporen, mit denen sie sich rasant ausbreiten. Man erkennt eine Neuinfektion an gelben, roten oder braunen Flecken auf den Blattoberseiten. Stark befallene Blätter sterben ab. Durch Trockenheit geschwächte Pflanzen sind besonders gefährdet.

Der Pilz überwintert fröhlich in Pflanzenresten, um im nächsten Jahr wieder sein Unwesen zu treiben. Somit ist es besonders wichtig, wachsam zu sein und befallene Pflanzenteile sofort zu entfernen.

Vorbeugung

- wenig anfällige oder resistente Sorten wählen
- bei Rosen Sorten mit ADR-Siegel wählen
- Pflanzen beim Kauf genau untersuchen
- nicht zu eng pflanzen, um eine gute Durchlüftung zu gewährleisten
- nur im Wurzelbereich und nicht über das Laub gießen
- mäßige, organische Düngung
- Schnittwerkzeuge desinfizieren
- kranke Teile über den Hausmüll entsorgen
- alle 14 Tage vom Blattaustrieb bis Ende Juni: Schachtelhalm-Brühe zur Steigerung der Abwehrkräfte sprühen

Behandlung

- Es gibt keine empfehlenswerten unschädlichen, biologischen Mittel, deshalb sind vorbeugende Maßnahmen essenziell.

REZEPT FÜR SCHACHTELHALM-BRÜHE

1,5 kg klein geschnittener frischer Acker-Schachtelhalm in 10 l Wasser 24 Stunden ziehen und dann aufkochen lassen. Nach dem Erkalten durch ein Sieb gießen und im Verhältnis von 1:5 mit Wasser verdünnen und Ober- und Unterseiten der Blätter sorgfältig einsprühen.

WETTERSCHÄDEN

Hagel, Sturm, Starkregen und eine unbarmherzig vom Himmel brennende Sonne – Petrus zieht übers Jahr alle Register und bringt uns Gärtner ganz schön ins Schwitzen. Auch wenn Pflanzen manchmal hoffnungslos aussehen, so sollte man nicht gleich die Flinte ins Korn werfen. Sie sind oft erstaunlich widerstandsfähig, und so mancher vermeintlich Totgeglaubte richtet sich nach einiger Zeit wieder auf und verblüfft mit Neuaustrieb und Blütenpracht.

Mit Voraussicht und kluger Planung erspart man sich so manchen Ärger. In exponierten, windigen Lagen verzichtet man am besten auf fragile, windbruchgefährdete Pflanzen und wählt standfeste Sorten und Arten. Das sind zum Beispiel Gewächse, die in Küstenregionen gedeihen. Empfehlenswert ist ein Windschutz in Form einer Hecke. Empfindlichere Exemplare setzt man an geschützte Stellen, höhere Stauden bindet man auf oder stützt sie. Heimische Gewächse sind oft härter im Nehmen.

Droht ein Gewitter rückt man Töpfe möglichst an die Hauswand oder unter Dachvorsprünge. Wichtig ist die richtige Nährstoffversorgung: Kalium und Magnesium fördern ein kräftiges Wachstum und regen den Stoffwechsel an. Zurückhaltung ist geboten bei Stickstoff, der weiche, üppige Triebe begünstigt.

Hagel

Wer kennt es nicht: Gerade blühte es noch prächtig, einige Minuten später ist alles eine grüne, matschige Masse. Vielleicht konnte man das eine oder andere noch mit einem Vlies schützen, aber bei vielen Pflanzen ist jetzt einfühlsames Handeln gefragt. Nach dem ersten Schrecken begutachtet man den Schaden und entfernt abgerissene Äste und Laub. Abgebrochene Triebe von Sträuchern und Bäumen werden mit einer sauberen Gartenschere nachgeschnitten. Zwiebelblumen treiben nächstes Jahr wieder aus. Auch viele Stauden erholen sich nach einem Rückschnitt wieder. Auch wenn etwas tot scheint, solltest du mindestens sechs Wochen warten, ehe du es ersetzt, denn oft treiben Pflanzen wieder aus.

Stark beschädigte Gemüsepflanzen am besten gleich ernten und verarbeiten, da sonst Bakterien über die Verletzungen eindringen und Fäulnis verursachen.

Windbruch

Später oder nasser Schnee und starke Winde – abgebrochene Äste kommen immer mal vor. Bricht gar der Stamm, so bedeutet das leider das Ende. Sind nur einzelne Äste betroffen, kommt das Gehölz mit den richtigen Pflegemaßnahmen bald wieder auf die Beine.

Kleinere Gehölze lassen sich leicht selbst beschneiden, aber bei großen, ausgewachsenen

Bäumen lohnt es sich, einen Baumpfleger hinzuzuziehen. Dieser entfernt nicht nur die beschädigten Äste, sondern gleich alle, die Gefahr laufen, beim nächsten Sturm herunterzufallen. Die beste Zeit dafür ist das Sommerhalbjahr, wenn sich der Zustand des Baumes gut einschätzen lässt und Schnittwunden schnell verheilen. Große Äste werden bis auf den Astring, das ist die Verdickung am Astansatz, zurückgeschnitten. Diese Methode gestattet dem Baum eine schnelle Wundverschließung.

Äste, die noch am Stamm haften, entfernt man in zwei Schritten: Zuerst wird die Hauptlast abgesägt und anschließend der Rest. Dünnere Äste kürzt man bis auf die nächste gesunde Knospe oder Verzweigung ein. Tipp → Glatte Schnittstellen verheilen viel besser als ausgerissene!

Entwurzelte Gehölze lassen sich manchmal wieder aufrichten. Bei stattlichen Exemplaren hilft eine Seilwinde. Nach dem Aufrichten Pflanzloch füllen, das Substrat fest andrücken, gießen und den Baum an einem soliden Pfosten befestigen.

STARKREGEN UND HOCHWASSER

Wochenlang anhaltender Regen oder schwere Sommergewitter erweisen sich vor allem auf schweren, ton- und lehmhaltigen Böden als Herausforderung. Sie neigen zum Verdichten und erschweren den Austausch von Sauerstoff und Nährstoffen. In dauernassen Böden sterben gern die Wurzeln ab. Vor dem Betreten wartet man, bis die Erde abgetrocknet ist, denn jegliche Belastung trägt zur Verdichtung bei.

Als vorbeugende Maßnahme empfiehlt sich regelmäßiges Mulchen mit organischen Materialien: Es fördert das Bodenleben, verbessert die Struktur und Fruchtbarkeit und schützt vor Erosion. Zudem gleicht es Temperaturschwankungen aus. Oberstes Gebot: Kahle Erde ist unter allen Umständen zu vermeiden. Ist das Pflanzkonzept noch unklar, lieber Gründüngung oder eine einjährige Blumenwiesenmischung säen. Verkrustete Böden lassen sich mit einer kleinen Hacke lockern. Gerade im Gemüsebeet hindert man so keimende Samen an der Weiterentwicklung.

Heißt es im Gemüsegarten längere Zeit „Land unter“ oder wird dieser gar regelmäßig überflutet, können je nach Lage unter Umständen durch verschmutztes Oberflächenwasser ernsthafte Schadstoffe auf das Gemüse oder ins Erdreich gelangen, die den Verzehr unmöglich machen.

An kritischen Standorten sind Hochbeete und ein Dränagesystem eine gute Lösung. Sie sorgen dafür, dass das Wasser schnell abfließt. Hochbeete sind zudem angenehmer zu bearbeiten und halten die Schneckenplage im Zaum. Bei Töpfen und Kübeln gilt, bereits vor dem Pflanzen eine gute Dränage sicherzustellen, das heißt die Ablauflöcher müssen groß genug und gut durchlässig sein. Dafür gibt man zuerst eine Schicht Blähton oder Schotter ins Gefäß und deckt sie mit Vlies ab.

Sonnenbrand

Wie Menschen können sich auch unsere grünen Schützlinge einen Sonnenbrand zuziehen. In Beeten lässt sich dies mit der richtigen Planung vermeiden, indem man Pflanzen auf den Standort abstimmt. Etwaige einzelne Sorgenkinder lassen sich im Sommer an windstillen Tagen mit einem Regenschirm schattieren.

Kübelpflanzen gewöhnt man langsam über eine Periode von drei bis vier Wochen an die Sonne. Dafür stellt man sie zu Beginn jeweils vormittags oder am späten Nachmittag für einige Stunden in die Sonne.

Pralle Sonne um die Mittagszeit ist bei vielen zu vermeiden, denn akute Verbrennungen werfen Gewächse in der Entwicklung zurück. In extremen Fällen gehen sie sogar ein. Vor allem junge Triebe sind gefährdet. In den letzten Jahren erwies sich die Sonne in meinem eigenen Garten als extrem intensiv und verbrannte – wohl in Kombination mit anhaltender Trockenheit – auch bislang unempfindliche Arten. Auf Südterrassen und balko-

Auch Pflanzen sind vor Sonnenbrand nicht gefeit.

nen lassen sich Pflanzen über die Mittagszeit mit Markisen und Sonnensegeln schattieren.

Es gibt auch robuste Südländer, denen die Sonne nichts anhaben kann. Ich habe Palmen und Oleander im Kübel und stelle empfindlichere Pflanzen in deren Nähe. Der lichte Schatten schafft ein angenehmes Ambiente. Übrigens vertragen Zitruspflanzen in Töpfen trotz ihrer Herkunft keineswegs prallen Sonnenschein, sondern bevorzugen ebenfalls einen geschützten, halbschattigen Standort.

Baumrinden können bei großer Hitze Rissen bekommen. Abhilfe schafft ein Kalkanstrich, der die Sonnenstrahlen reflektiert und so die Rinde schützt.

Was aber tun, wenn der Schaden da ist? Leider zeigen sich Symptome meist erst nach einiger Zeit, wenn die Blätter gelb oder braun werden. Als Erstes stellt man die Pflanze an einen geschützteren Platz und gießt bei Bedarf. Wenn sich die Blätter nicht mehr erholen, werden sie abgeschnitten. Bei ausgepflanzten Exemplaren hält man sich bis zum Ende des Sommers mit dem Rückschnitt zurück, denn auch wenn braunes Laub unschön aussieht, so schützt es doch wenigstens jenes darunter.

Verdurstet

Wer kennt es nicht? Entweder hat man selbst vergessen, einen Topf zu gießen, oder man kommt nach dem Urlaub heim und findet eine vertrocknete Pflanze vor. Nicht gleich auf den Kompost werfen, sondern erstmal nach Lebenszeichen Ausschau halten! Manchmal schlummert tief drinnen noch ein wenig Leben. Entdeckst du beim Rückschnitt und vorsichtigen Ankratzen der Rinde noch einen Hauch Grün? Sind die Blätter gelb oder nur schlaff und hängen noch an der Pflanze? Während es für Einjährige meist das Aus bedeutet, so ist bei Mehrjährigen noch nicht alles verloren.

Der erste Schritt ist ein erfrischendes Tauchbad. Dafür den Topf in einen Eimer Wasser stellen, bis keine Blasen mehr auftauchen. Das dauert nicht lange! Unter keinen Umständen darf er zu lange drin bleiben. Als nächstes wird die Pflanze zurückgeschnitten, damit sie ihre Kraft nicht vergeudet, sondern konzentrieren kann. Komplett vertrocknete Triebe müssen entfernt werden. Nun stellt man den Topf an einen halbschattigen, geschützten Platz. Eine leichte Düngergabe kann den Regenerationsprozess fördern.

Stößt man im Beet auf vertrocknete Pflanzen, so lockert man erst den Wurzelbereich und gießt ausgiebig. Anschließend werden mit der Gartenschere alle vertrockneten Teile herausgeschnitten. In der darauffolgenden Zeit regelmäßig gießen und eine Mulchschicht ausbringen. Auch bei Beetpflanzen ist Voraussicht besser als Nachsicht: Mit standortgerechten Pflanzen, einem angemessenen Gieß- und Mulchregime erspart man sich viele Sorgen.

#MACHSNACHHALTIG-INFOS

Wenn du gern dein Wissen vertiefen möchtest, spannende Blogs oder Adressen von Gärtnereien und Anbietern von allerlei nützlichen, nachhaltigen und schönen Accessoires suchst, dann bist du hier genau richtig.

Bezugsquellen

Allgäu Stauden
(Bioland-Gärtnerei mit Pflanzenversand)
Weipoldshofen 2
88299 Leutkirch
www.allgaeustauden.de

Aries Umweltprodukte
(Bioland-Schafwollpellets als Dünger und Wasserspeicher)
Stapeler Dorfstr. 23
27367 Horstedt
www.aries.de

Bingenheimer Saatgut
(Biosaatgut von Gemüse, Blumen, Kräutern und Gründünger, Zwiebeln und Jungpflanzen)
Kronstr. 24
61209 Echzell
www.bingenheimersaatgut.de

Bio-Saatgut
(Biologisches Blumen- und Gemüsesaatgut)
Gaby Krautkrämer
Weingartenstr. 58
97252 Frickenhausen am Main
www.bio-saatgut.de

Baumschule Lorenz von Ehren
(Klimabäume)
Maldfeldstr. 4
21077 Hamburg
www.lve-baumschule.de

Die Staudengärtnerei
Alte Iphöfer Str. 27
97348 Rödelsee
www.die-staudengaertnerei.de

Felco Europe
(Haltbare Gartenscheren, im Einzelhandel erhältlich)
Ludwigsburger Str. 71
71691 Freiberg/Neckar
www.felco.com

Staudengärtnerei Gaissmayer
(Pflanzenversand, vieles in Bio-Qualität)
Jungviehweide 3
89257 Illertissen
www.gaissmayer.de

Gärtnerei Ewald Hügin
Zähringer Str. 281
79108 Freiburg
www.ewaldhuegin.com

Bioland Hof Jeebel
(Biosaatgut und -pflanzen)
Jeebel 17
29410 Salzwede
www.biogartenversand.de

Neudorff
(Robuster Thermokomposter)
An der Mühle 3
31860 Emmerthal
www.neudorff.de

Gärtnerei Strickler
(Pflanzenversand in Bio-Qualität)
Lochgasse 1
55232 Alzey-Heimersheim
www.gaertnerei-strickler.de

Gartenbedarf-Versand Richard Ward
(Gießkannen, Tonkegel als Bewässerungshilfe, Tropfschläuche)
Ottobeurer Str. 46 a
87733 Markt Rettenbach
www.gartenbedarf-versand.de

WormUp GmbH
(Wurmkomposter für zu Hause)
Flurstr. 56
8048 Zürich (Schweiz)
www.wormup.ch

Wurmwelten
Jasper Rimpau
(Wurmkomposter und Tipps zum natürlichen Gärtnern)
Warteweg 50
37627 Stadtoldendorf
www.wurmwelten.de

Zum Weiterlesen

Goulson, Dave:
Wildlife Gardening: Die Kunst, im eigenen Garten die Welt zu retten, Carl Hanser Verlag 2019

Heistinger, Andrea: **Handbuch Bio-Balkongarten. Gemüse, Obst und Kräuter auf kleiner Fläche ernten**, Löwenzahn Verlag, 4. Auflage 2013

Kawollek, Wolfgang, Kawollek, Marco: **Alles über Pflanzenvermehrung: Vegetative Vermehrung und Samenanzucht**, Verlag Eugen Ulmer, 3. Auflage 2021

Lepple, Annette: **Genießen statt Gießen**, Verlag Eugen Ulmer, 2. Auflage 2020

Lepple, Annette: **Mein Wabi Sabi-Garten**, Verlag Eugen Ulmer, 2020

Lorey, Heidi: **Gemüse und Blumen aus eigenem Saatgut: Samen vermehren und erhalten**, Verlag Eugen Ulmer 2017

Polak, Paula: **Regenwasser im Garten nachhaltig nutzen: Naturnah planen, bauen und gestalten**, pala Verlag 2011

Reif, Jonas, Kreß, Christian: **Blackbox-Gardening: Mit versamenden Pflanzen Gärten gestalten**, Verlag Eugen Ulmer 2014

Schwarzer, Elke: **Heimische Pflanzen für den Garten**, Verlag Eugen Ulmer, 2. Auflage 2019

Schwarzer, Elke: **Mein Bienengarten**, Verlag Eugen Ulmer, 2. Auflage 2020

Steiner, Lynn M.: **Rain Gardens: Sustainable Landscaping for a Beautiful Yard and a Healthy World**, Voyageur Press 2012

Im Netz

www.bund.net/themen/naturschutz/moore-und-torf/torffrei-gaertnern
Gärtnern ohne Torf

www.die-nachwachsende-produktwelt.de
Zusammenstellung von Produkten aus nachwachsenden Rohstoffen sortiert nach Kategorien

guenstiggaertnern.blogspot.de
Gartentipps von Elke Schwarzer

www.kompost.de
Suche nach Kompostieranlagen in deiner Nähe mit Filter nach Kompost, der für den Ökolandbau geeignet ist

www.naturgarten.org
Alles über den Naturgarten

www.personaleden.wordpress.com
www.personal-eden.com
Blog und Website der Autorin Annette Lepple

Register

Bildquellen

Alle Bilder mit Ausnahme der folgenden stammen von der Autorin:

AJCespedes/Shutterstock.com: S. 113
Bodor Tivadar/Shutterstock.com: S. 4 (Blatt)
Dinkel, Susanne: S. 77
Edwardsiana rosae/Shutterstock.com: S. 115
Elena BlokhinaShutterstock.com: S. 81
Flora Press/Karin Goldbach: S. 23
FloraPress/BIOSPHOTO/Jean-Michel Groult: S. 29 li.
FloraPress/FocusOnGarden/Jürgen Becker: S. 76
FloraPress/Frédéric Tournay: S. 80
FloraPress/gartenfoto.at: S. 25, 96
FloraPress/Liz Eddison; Design: Cleve West - RHS Chelsea 08: S. 94
FloraPress/Liz Eddison; Design: Jon Wheatley & Mary Payne &Terry Porter: RHS Hampton Court 09: S. 19 re.
FloraPress/Royal Horticultural Society: S. 31 re.
FloraPress/Thomas Lohrer: S. 121
FloraPress/Ute Klaphake: S. 19 li.
Icon in Porträtteil: Marion Schreiber
Jiri Prochazka/Shutterstock.com: S. 111
Kazakov Maksim/Shutterstock.com: S. 117
Lepple, Annette: S. 21 Design: Hugo Bugg/Chelsea Flower Show 2014; S. 63 re. Design: Jardin de Marguérite; S. 103 Design: Ursula Hauber
Mayländer, Michaela: S. 1 (Biene), 8 (Blume), 107 (Efeublatt)
MaCross-Photography/Shutterstock.com: S. 109
mauritius images: S. 41, 56, 70, 75, 105 o., 105 u.
mauritius images/alamy: S. 27, 119
nikiteev_konstantin/Shutterstock.com: S. 3 (Pfütze), 7 (Tropfen)
Peter Turner Photography/Shutterstock.com: S. 43
Reinhard Schneider/Sabine Pecoraro-Schneider: S. 13
vividvic/Shutterstock.com: S. 123 (Vogel)
WormUp GmbH /Claude Gasser: S. 29 re.
Yganko/Shutterstock.com: S. 33
Zitat Friedensreich Hundertwasser, S. 18: Internetveröffentlichung der Nürtinger Zeitung vom 2.3.2019: www.ntz.de/nachrichten/wirtschaft/artikel/hundertwassers-visionen-zur-dachbegruenung (abgerufen am 2.7.2020).

Impressum

Die in diesem Buch enthaltenen Empfehlungen und Angaben sind von der Autorin mit größter Sorgfalt zusammengestellt und geprüft worden. Eine Garantie für die Richtigkeit der Angaben kann aber nicht gegeben werden. Autorin und Verlag übernehmen keine Haftung für Schäden und Unfälle. Bitte setzen Sie bei der Anwendung der in diesem Buch enthaltenen Empfehlungen Ihr persönliches Urteilsvermögen ein.
Der Verlag Eugen Ulmer ist nicht verantwortlich für die Inhalte der im Buch genannten Websites.

MIX
Papier aus verantwortungsvollen Quellen
FSC® C014889

Bibliografische Information der Deutschen Nationalbibliothek
Die Deutsche Nationalbibliothek verzeichnet diese Publikation in der Deutschen Nationalbibliografie; detaillierte bibliografische Daten sind im Internet über http://dnb.d-nb.de abrufbar.

Wollgrasweg 41, 70599 Stuttgart (Hohenheim)
E-Mail: info@ulmer.de
Internet: www.ulmer.de
Projektleitung: Doris Kowalzik
Konzept: Christine Hutschenreuther
Lektorat: Antje Krause
Herstellung: Katharina Merz
Reihen- und Umschlaggestaltung: Michaela Mayländer, Stuttgart, www.sistermic.de
Satz: Marion Schreiber, www.marionschreiber.de
Reproduktion: timeRay Visualisierungen, Jettingen
Druck und Bindung: Pustet, Regensburg
Printed in Germany

ISBN 978-3-8186-1228-3